I0414768

Hechizo de Luz

By

Ricardo Reyes

Front cover design by:
José Manuel Cervantes

Copyright © 2001 by Ricardo Reyes
All rights reserved.
No part of this book may be reproduced, stored in a retrieval
system, or transmitted by any means, electronic, mechanical,
photocopying, recording, or otherwise, without written
permission from the author.

ISBN: 0-75962-374-0

This book is printed on acid free paper.

Queda prohibida la reproducción del contenido de la presente
obra en cualesquiera formas sin el consentimiento previo y por
escrito del autor.

1stBooks - rev. 04/03/01

Dedicado a Dios, a mi maravillosa familia, a mis queridísimos amigos y a toda la gente que me creyó cuando dije: "Uno de estos días publicaré un libro".

El mundo giraba con toda normalidad y creía estar despierto. Era una mañana calmada y aburrida. Los ánimos cansados daban merecida bienvenida al verano vacacional. Los cuerpos se sentían pesados y adormecidos, deseosos de nunca tener que levantarse del lecho nocturno. Los gallos habían empezado a cantar varias horas antes y para ese entonces ya habían bajado de sus improvisadas perchas y se encontraban escarbando los suelos de tierra blanda en busca de algún grano extraviado o algún insecto despistado. Cada vez cantaban con intervalos más distanciados, haciendo saber a toda criatura adyacente que aunque estaban ocupados llenándose el buche, aún estaban ahí, presentes, soberanos, como cada mañana. Las parvadas de gorriones daban escandalosas muestras de vitalidad y entusiasmo, las que difícilmente se contagiaban a los aletargados humanos, quienes muy a su pesar empezaban a poner uno tras otro sus pies sobre tierra firme. Este fenómeno ocurría en las casas patronales, donde la vida era disipada y el tiempo transcurría con mayor lentitud que en el resto del lugar. Afuera, en el campo, la realidad era otra; la vida era más dinámica, más real. Los empleados del predio, quienes estaban en pie desde el primer canto de los gallos, se empeñaban en hacer parir la tierra bajo las órdenes de sus patrones.

El año estaba siendo generoso, el aire olía a fertilidad y bonanza, el multicolor de los campos cultivados en sucesión se divisaba cual primorosa acuarela desde la cima de las varias lomas que asomaban en el vasto paraje rural. Sobre estas lomas los hacendados construían sus residencias con el objetivo de vigilar sus propiedades.

¡El desayuno está listo, joven!- es lo primero que Miguel escucha al salir de su dormitorio. Aún está bostezando, despeinado, con los ojos achinados y nebulosos, incómodo con la radiante iluminación que se filtra ansiosa por las ventanas de la sala. Miguel se frota los ojos y luego levanta sus brazos, se retuerce y estira sus músculos hasta quedar tan exhausto que desea regresar a su cama para seguir durmiendo. El engreído adolescente se sienta a la mesa muy desganado, aprovecha que la empleada está de espaldas para rascarse el pubis y espera a que le sirvan el desayuno, el que siempre come solo. Su padre, Don Miguel Salinas, estaba vigilando a sus empleados en el campo. Su madre, Marita, aún dormía. Cada vez que la empleada se descuidaba, Miguel estiraba el elástico de su pantalón de pijama y admiraba los pelambres oscuros que cada día poblaban más sus partes íntimas. Nadie le había advertido de la existencia de aquellos vellos, y esa misma tarde le habría de preguntar a Alex, su mejor amigo quien vivía en la hacienda próxima a la suya, si a él le ocurría lo mismo. Alex y Miguel tenían casi la misma edad e iban al colegio juntos. Eran inseparables.

La empleada, una mestiza muy gorda de ralos y finos bigotes, era un ejemplo de paciencia y dedicación. Se llamaba Matilde y había estado trabajando para la familia Salinas casi toda su vida, desde la época en que el abuelo de Miguel fundó la hacienda. ¡Servido joven!- le decía a Miguel, con una devoción que ni los muchos años de convivencia con la familia le habían quitado de encima. Al terminar de desayunar, Miguel recibió de Matilde un azafate muy elegante de caoba con el desayuno de su madre. Matilde no tenía el valor para despertar a su patrona, y por eso siempre que podía enviaba a Miguel con su vianda matutina. A él le encantaba llevarle el desayuno a su madre; la despertaba con cosquillas, le daba un tierno beso de buenos días y la acompañaba un rato, acurrucado en su cama.

¡Joven Miguel, lo busca el joven Alex!- interrumpió Matilde en el dormitorio principal, donde madre e hijo se deshacían con mucho desgano del rezago del sueño, hablando de nada importante. ¿Dónde esta?- preguntó él. El joven Alex lo está esperando en su cuarto- le contestó Matilde, arrugando la frente y acentuando sin querer su avanzada edad con un gesto de cansancio. Miguel se dirigió a su dormitorio, donde lo esperaba Alex, con una gran caña de pescar entre las manos. Él era muy diferente a Miguel; para él el día empezaba más temprano, le fascinaba la vida de campo, ensuciarse la ropa, pescar y llevar mucha tierra bajo las uñas. Saca tu caña Micky, ¡vamos a pescar al lago!- dijo Alex. Miguel, quien carecía de espíritu de aventura, le contestó con un desganado y mudo gesto que se podía interpretar como de concordancia. No tuvo valor para preguntarle a Alex sobre los misteriosos vellos, se cambió en el baño, tomó su caña de pescar y salieron al campo, avisando primero con un grito que ya regresaba mas tarde. Matilde le gritó de regreso que no se ensuciara y que no llegara tarde.

El verano recién empezaba, pero el calor calcinaba hasta los deseos de salir de la casa. Los jardines empezaban a perder su intenso verdor y las tierras se agrietaban, eructando un vapor tibio que se mezclaba con el húmedo ambiente y convertía al aire en una masa acuosa y pesada de respirar. Luego de casi una hora de caminata llegaron a la laguna, cuyo nivel de agua estaba más bajo que de costumbre debido a las sequías.

- Parece que llegamos muy tarde- comentó Miguel luego de esperar algunos silenciosos minutos con su cordel sumergido en el agua verdosa.
- Eres muy impaciente Micky. Si hemos venido hasta aquí, por lo menos esperemos un rato más, a ver qué pasa- le contestó Alex.
- Está bien, pero ya me está aburriendo esto de esperar.
- Pareces una niña, espera tranquilo. Oye Micky, mira allá al fondo, detrás de ese gran árbol, ¿ves esa casita?, ¿quién vivirá ahí? No me acuerdo haberla visto antes.
- Yo tampoco, recién me doy cuenta de que existe.
- ¿Vamos a averiguar?- sugirió Alex poniéndose de pie, listo para la aventura.
- ¿Estás loco?.... ¿y si nos encontramos con algún perro bravo?- le contestó Miguel, deseando estar aún acurrucado en la cama de su madre.
- ¡Vamos Micky, no seas marica! Si no pica nada en unos minutos más, nos vamos para allá.
- ...está bien. Me muero de calor.
- Pues bañémonos un rato en la laguna y de ahí nos vamos a la casita esa.

3

Los muchachos se cercioraron de estar solos, se desnudaron y saltaron al agua tibia y reposada. Ambos nadaron y salpicaron agua como si les hubiese sido ordenado vaciar la laguna. Miguel desistió en preguntar a Alex sobre los pelos aparecidos en su cuerpo en cuanto se dio cuenta de que él también los tenía. Se sentía muy aliviado de que Alex se haya desnudado primero, pues no tenía pensado dejarse ver por su amigo sin antes averiguar si era algo normal lo que le estaba sucediendo.

Luego de vestirse ocultaron sus aparejos de pesca y las latas con gusanos de tierra entre los matorrales de la laguna, bajo los altos juncos de la orilla y caminaron en dirección a la casita esa, la que está detrás del gran árbol, allá al fondo, ¿la ves? Vamos, apúrate porque está un poco lejos, que nos regañan si llegamos muy tarde a casa, que esto es una locura, que regresemos, que no seas marica, que ya casi llegamos, que cortemos camino, que me ensucio la ropa, que cállate y sígueme, y así siguieron discutiendo hasta que llegaron a la casita. Se dieron cuenta que el árbol, un inmenso ombú, era mucho más grande de lo que creían, y la casita detrás de él era más pequeña de lo que se habían imaginado. La casa parecía vacía, estaba algo descuidada por fuera, pero conforme se acercaron más a ella, vieron que por dentro era una casa habitable, modesta pero habitable y hasta cierto punto encantadora. Una cabellera blanca y esponjosa se dejaba ver por detrás de una mecedora antigua que se balanceaba con el impulso de unos diminutos pies al otro extremo de la vivienda. Los muchachos se miraron como buscando una explicación que nunca encontrarían. Estamparon sus caras contra el vidrio de la ventana y pudieron ver mejor a la anciana, sentada en su vieja mecedora, con un cuaderno sobre sus faldas, una bufanda bordada abrazada a su cuello y una larga pluma fuente entre sus temblorosos dedos. La respiración agitada de los muchachos no tardó en empañar por completo los vidrios, teniéndolos que frotar con sus puños para despejarlos. Volvieron a estampar sus narices contra el vidrio transparente, pero ella ya no estaba; la mecedora, con el impulso extinguiéndosele de a pocos, llegó a detenerse en un tiempo estático y triste. Se miraron nuevamente a la cara. ¿Dónde está?- preguntó Miguel con voz temblorosa. ¡Yo qué se!- le contestó Alex algo confundido. Mejor nos vamos, se dijeron con una mirada, cuando de repente la puerta se abrió lentamente, chirreando sus bisagras oxidadas. Se quedaron firmes y boquiabiertos. Una anciana de mediana estatura y de manos arrugadas y temblorosas se asomó por la puerta, los observó por un momento casi tan largo como la eternidad misma y luego les regaló la sonrisa más tierna que habían visto en sus vidas. Un gato gris de ojos claros se coló por entre sus débiles piernas, y los muchachos pudieron haber jurado que advirtieron en él una réplica de la tierna sonrisa que la anciana aún conservaba impresa en su rostro. Los muchachos se miraron a las caras por una tercera vez, mas ya ni se molestaban en encontrar explicaciones. No sabían si estaban asustados, sorprendidos, emocionados o las tres cosas juntas. La anciana, sin interrumpir su cálida sonrisa, les dijo algo incoherente y en voz muy baja, lo que provocó un nuevo encuentro entre las miradas incrédulas de sus jóvenes visitantes. Luego los invitó a pasar para que probasen un trozo del pastel de manzana que acababa de hornear. Los muchachos no sabían qué hacer; la anciana era una extraña, pero parecía inofensiva y hasta cierto punto inspiraba confianza. Además, ella emanaba por sus poros una vieja pero evidente maternidad que se veía materializada en el brillo intenso de sus negros ojos. Ellos se dieron una señal de asentimiento y algo inseguros entraron dándose las espaldas, como tantas veces lo habían practicado, siguiendo cautelosamente las instrucciones del manual de defensa personal que encontraron en el librero de Miguel Salinas, el padre de Miguel. La anciana los observó algo extrañada, y entonces ellos pensaron que quizá estaban exagerando. Ella los invitó a sentarse mientras iba por el postre.

- Oye Alex, ¿no tendrá manzanas envenenadas ese pastel?
- No seas cojudo; eso sólo ocurre en los cuentos de niños.
- ...pero, no me vas a decir que no es un poco extraña la vieja- insistió Miguel en voz muy baja.

- hmmm...bueno sí, un poco, pero no la conocemos, así que no podemos decir nada acerca de ella.
- Supongo que no. ¿Cómo así no sabemos de ella si vivimos tan cerca? Yo nunca he oído hablar de ella; ni siquiera a mis papás.
- ¡Tus papás sólo hablan tonterías!, pero es cierto, yo tampoco he escuchado de ella. Shhhh......ahí viene.

Delicada, fina y muy amable, intentando en todo momento olvidar su senilidad, venía ella dando pasos cortos pero seguros, decididos, con dos generosas porciones de pastel en sus manos. Les entregó a cada uno de sus invitados el postre sin veneno, y se sentó al lado de ellos para preguntarles qué los traía por esos lares.

- Quisimos caminar un poco y sin darnos cuenta aparecimos aquí- le contestó Miguel con increíble serenidad y convencimiento. En su familia se mentía muy bien y su atributo lo sacó del apuro.
- Qué bien hijitos, el ejercicio es muy saludable.

La anciana los contemplaba comer, quería saber más de ellos, sentía la urgencia de hablar con alguien, la que se veía interferida por sus maneras, por ese respeto hacia el prójimo que siempre la habría de caracterizar. Pero no podía contenerse, quería escucharlos y sabía que si ella no hacía las preguntas, no les iba a sacar ni una sola palabra. Los muchachos tenían las miradas fijas en sus platos, devorando el postre servido.

- Y díganme ustedes, ¿desde dónde vienen?
- De aquí cerca- intervino Alex con la boca llena de pastel –vivimos en las haciendas de aquí al lado.
- Oh, ya veo. Mi padre, el presidente, tenía muchas haciendas, todas muy lindas y muy grandes, abarcaban todas las regiones del país.
- ¿Presidente?- dijo Miguel, casi atorándose.

- Oh sí. ¡El mejor presidente que ha tenido el país!
- ¿...y usted señora, como se llama?
- Yo me llamo Josefa, muchachito- contestó la anciana, perdiendo un poco la dulzura de su voz.

- ¿De verdad piensas regresar?- preguntó Miguel mientras caminaban de regreso a casa.
- No sé- le contestó Alex.
- Y entonces, ¿por qué le dijiste a la vieja que íbamos a volver a visitarla?
- No estoy seguro...creo que me dio pena. Además nos insistió tanto. ¿Por qué, tienes miedo?
- ¿Yo? No, claro que no tengo miedo.
- Yo creo que es bien entretenida para ser tan vieja...medio loca pero entretenida.

Los muchachos quedaron tan consternados e intrigados con la visita a Josefa, que hasta olvidaron recoger sus aparejos de pescar, los cuales nunca encontraron, pues una fuerte e inesperada lluvia de dos días levantó el nivel de agua del lago y se tragó las cañas de pescar. Ellos se preguntaban qué hacía la hija de un presidente en un lugar así, sola, pobre y aparentemente hasta medio ida. Tuvieron una idea: seguro que Don Romualdo Villegas, el dueño de la chinganita a la orilla del camino, el que hablaba con mejor castellano que el resto de por ahí, seguro que él sabía algo sobre la anciana. Tenía que saberlo, él lo sabía todo, era curandero sin diploma, consejero con tino y hasta cura sin sotana, decían algunos. Don Romualdo, aunque muy dedicado al alcohol, tenía ganado el respeto y admiración de la vecindad del valle. Su credibilidad era aún irrefutable y digna de una persona como él, a quien ni su prematura viudez, ni la crisis económica, ni el reumatismo, ni el canto nocturno de las lechuzas le habían hecho perder la cordura o el buen corazón.

El apaciguado campo no tenía mayores peligros ni fronteras definidas para nadie, mucho menos para un par de curiosos adolescentes como Alex y Miguel. Sin embargo, la casa de Don Romualdo no era uno de esos lugares de libre tránsito para ellos, ya que el territorio de sus aventuras terminaba donde empezaba la propiedad del sabio casero. Era un lugar no muy propio para muchachos como ellos- les decían sus padres. Todos sabían que ese lugar estaba infestado de alcohólicos y gente de mal vivir, aunque esta gente sólo frecuentaba el lugar los fines de semana, y nunca más, pues Don Romualdo no vendía licor en días laborales. En esos días, la mercadería era sólo para su consumo propio; la bebida era su buena compañera de lectura. Pero los muchachos no habrían de necesitar el permiso de sus padres, nunca lo habían necesitado. Aún no sabían si contar lo ocurrido con la anciana misteriosa o no. Pensaban que sus padres no lo iban a ver bien, quizá podrían imponer nuevas fronteras a sus dominios. Sin pensarlo dos veces decidieron no contárselo a nadie, excepto a Romualdo, pero primero visitarían una vez más a Josefa. Querían conocerla mejor.

La anciana se encontraba regando sus marchitos geranios con una jarra vacía y descolorida por el sol cuando los muchachos se le acercaron cansados por la larga caminata. Ella se sintió muy emocionada por la visita y el encanto de su sonrisa angelical le iluminó el rostro. Dirigió su mirada hacia el gris felino y le preguntó si se había dado cuenta de quiénes los habían ido a visitar. El gato se dio media vuelta y entró a la casa sin contestarle.

- Discúlpenlo hijitos, es que no se sabe comportar con extraños. Pero pasen, déjenme invitarles un pastel de café.
- ¡Gracias!- contestaron Alex y Miguel al unísono.

Se sentaron en las mismas sillas que usaron en su primera visita, y en pocos minutos, con sus mismos pasos cortos y decididos, Josefa les entregó a cada uno un trozo del mismo pastel de manzanas que les había invitado anteriormente.

- Yo creí que iba a ser de café- dijo inocentemente Miguel.
- ¿De café?...¡Que ocurrencia! Yo no sé hacer pasteles de café.

Miguel iba a empezar a discutirle a la anciana sobre la naturaleza de su ofrecimiento, pero un gesto muy explícito de Alex lo disuadió. En cambio, el mismo Alex rompió el breve silencio transcurrido y le preguntó a Josefa si tenía familia.

- Sí, claro, mi hijo; el presidente- contestó muy solemne la anciana, provocando que Miguel se atorase con el pastel.
- Disculpe- intervino Alex muy contrariado–¿no era su padre el que había sido presidente?
- Por supuesto, el mejor presidente que ha tenido el país.
- ¿Y su hijo?
- ¿Qué pasa con mi hijo?... ¿Saben algo de él?... ¡Ay Dios mío!, ¿qué tiene mi hijo?... ¡Díganmelo por favor! –Se alteró Josefa y estropeó su sonrisa de ángel.
- Yo no sé, no lo conozco–contestó Alex tartamudeando, muy nervioso por la reacción de Josefa- ¿También fue presidente?
- ¡Qué cosas dices muchacho! Nada de eso.
- Y entonces, ¿qué es su hijo? –Intervino Miguel.
- ...no los entiendo. ¿Por qué se inventan tantas cosas?...Yo nunca he tenido hijos.

De pronto el tiempo se congeló en el calor abrasador de mediodía. Dos mandíbulas quedaron colgando en el espeso aire de la habitación, en ese aire perfumado de ruda y de canela. Los muchachos se sentían abrumados con tanto disparate, y hasta pensaron que sería mejor irse y no volver jamás. Sobre la mesa había un cuaderno abierto, estaba escrito a mano y junto a él la pluma fuente que vieron prensada entre los temblorosos dedos de Josefa unos días antes.

- ¿Qué está escribiendo, Señora Josefa? –Preguntó Alex, tratando de dar una última oportunidad a la cordura.

La anciana no contestaba.... ¡Señora Josefa! Le volvía a decir Alex con voz algo más alta pero tampoco contestó. De pronto se puso de pie, tomó el cuaderno entre sus manos y lo abrazó contra su pecho...son trocitos de mí–contestó por fin, muy triste. Nada de lo que ustedes quieran saber, me figuro– sentenció ella sin mucho convencimiento de lo que decía. De nuevo reinó el silencio; sólo el ruido de sus respiraciones agitadas por el calor se sentían en aquel universo de incertidumbres. Josefa les dejaba saber de una manera muy sutil que moría porque alguien leyera sus escritos, sus trocitos de vida irreal, pero a la vez no quería llenar la cabeza de esos muchachos con cosas de gente vieja–decía ella.

- ¿Es ésta la casa del tal Romualdo?
- Creo que sí, Micky. Huele a cerveza. Si nuestros viejos se enteran que hemos venido, ¡nos castran!
- Si mis papás se enteran, yo sólo diré que todo fue tu culpa.
- Como de costumbre, ¿cuándo vas a crecer, ah?

Romualdo Villegas vivía solo; hasta sus perros lo habían abandonado. Se pasaba días enteros leyendo y se olvidaba de comer, o dar de comer. Decían que últimamente había dejado de leer, pues se había vuelto tan sabio, que las pocas veces que leía, refutaba lo leído y siempre terminaba por pelearse con los libros; les gritaba, se enfurecía con ellos y les arrancaba las hojas hasta dejarlos vacíos. Ya había destruido muchos, sin embargo, aún conservaba una buena cantidad. Los guardaba en baúles de alcanfor con bolitas de naftalina y cáscaras de manzana para conservarles la memoria y no permitir que olvidasen lo que sabían. El viejo Romualdo vio a los muchachos y los reconoció. Nunca los había visto de cerca, pero sabía que eran los hijos de los "señores", y además, no había nada que él no supiese. Los vio pero no se pudo imaginar lo que hacían ahí, pues sabía que les tenían prohibido acercarse a su casa. El viejo bebió un sorbo de aguardiente, esperó a que el calor del licor le llegara al vientre y sin quitarles la vista de encima les hizo una seña con la cabeza para que pasaran. Los muchachos entraron lentamente, mirando a su alrededor con cara de susto, buscando algún indicio de maldad bajo cuyo pretexto hubiesen podido salir corriendo de ahí. Pero buscaron en vano. Estaba muy oscuro por dentro, se podía ver un ambiente amplio, con muchas sillas de cabeza sobre unas largas mesas de madera barnizada. El suelo era de tierra apisonada y estaba húmedo con cerveza fermentada. El olor a licor y a orín de varios días era insoportable. Los muchachos se miraban entre sí, desconcertados y a la vez defraudados al encontrar a tan afamada personalidad local en aquella cantina oscura y maloliente.

- ¿Qué desean los jóvenes?- rompió el silencio Romualdo.
- ¿Es verdad que usted lo sabe todo?- preguntó muy desatinadamente Miguel.
- ¡No seas bruto Micky!- le dijo Alex en voz baja dándole un codazo.
- ¿...hay algo que ustedes quieran saber?- les preguntó el viejo desde el rincón donde estaba sentado.

- Puede ser- dijo Alex, quien sabía desenvolverse mejor en este tipo de situaciones, aunque no contaba con la astucia de Romualdo.
- Lo siento, pero me es imposible contestar algo sin que se me haya sido preguntado primero; aún no domino bien la lectura de las mentes- acotó el viejo mientras asumía una postura un poco más elegante y culta sobre su sillón de felpa, rascándose el mentón mal afeitado y cruzando las piernas.
- Sólo queríamos saber acerca de una persona que vive por aquí y pensamos que usted podía saber algo.
- Ya veo muchachito. ¿Pero qué acaso no me tienen que decir el nombre de esa persona si es que quieren que los ayude?
- Queríamos saber si usted sabe algo acerca de Josefa, la viejita que vive detrás de esos cerros- le dijo Alex apuntando con el índice derecho hacia los cerros distantes.
- ¿...ustedes han visto a Josefa?- preguntó exaltado y con los músculos muy tensos el siempre muy ecuánime Romualdo.
- Así dice que se llama- le contestó Alex encogiendo los hombros.

El viejo Romualdo dejó su vaso de aguardiente a un lado, se puso de pie con la cabeza en alto y caminó lento y erguido hacia la única ventana de la habitación. Estaba casi temblando. Fijó su mirada en un incierto horizonte, quizá en esos cerros distantes a los que se refirió Alex. Suspiró hondamente, como queriendo expulsar todo de él, arrugó su rostro y luego se escuchó su sollozo, calmado y tierno, un llanto de anciano que partía el corazón.

- ¡Josefa... Has vuelto!- dijo Romualdo con la voz ahogada en lágrimas.

Ricardo Reyes

Los muchachos estaban muy confundidos, se miraban de reojo pero no se atrevían a hablar. Romualdo les dijo que ya era hora de que se fueran, que no debían estar ahí, y se fue caminando de lado, sin darles la cara, ocultando su dolor y su vergüenza, desapareciendo tras la puerta de una habitación contigua mientras murmuraba "has vuelto" una y otra vez.

- Oye Alex, ¿qué esta pasando?
- ¿Te refieres a lo de la vieja?
- Sí, y a lo del viejo borracho, don Romualdo.
- No sé. Aveces pienso que deberíamos olvidarlos y no darles importancia, pero otras veces pienso que podría ser interesante llegar al fondo de este asunto.
- Son gente muy extraña. Parece que Romualdo conoce a la vieja. Hay algo muy misterioso en todo esto.
- ...mmm. ¡Vamos donde Josefa!
- ¿Ahora?
- Claro, tenemos tiempo.
- Ya, pero mejor vamos a caballo; no tengo ganas de caminar tanto.

Galopando sobre sus magníficas bestias, los muchachos desafiaron al viento con sus cabellos y cruzaron las tierras paridas y en gestación hasta llegar al recinto de la locura. Amarraron los animales junto al gran ombú de la entrada y llamaron a la puerta con tres golpes secos pero gentiles. Demoró en abrir la dulce anciana, claro, había estado durmiendo su siesta sagrada, el descanso terrenal en el que sus sueños se confundían con la realidad, realidad que la hacía olvidar sus sueños, sueños que soñaban realidad. El rostro se le iluminó con una sonrisa adormilada, perezosa, pero siempre dulce, tan dulce como sus pasteles de manzana sin veneno. Enseguida apareció su gato, arqueando el lomo y bostezando su mal aliento. Luego de su cariñoso saludo, Josefa los invitó a pasar y los llenó de preguntas y de mimos. "Recuerdo un día- empezaba ella contando–cuando mi padre, el presidente, llegaba de tierras muy lejanas, donde el sol calentaba mucho y las olas eran muy bravas. Venía cargado de regalos muy finos, de ropa exquisita y de joyas para mi madre. Recuerdo esos días de opulencia; mi padre era muy rico, muy poderoso, muy presidente; el mejor presidente que ha tenido el país".

- ¿Y cómo se llamaba?
- ¿Quién?- le preguntó Josefa.
- Su padre, claro, el presidente.
- ...yo no sé, no me acuerdo, fue hace mucho tiempo- volvía el disparate, intrépido y fugaz, siempre en el momento preciso para entorpecer el entendimiento, la fluidez de la conversación y la verdad.

Josefa se puso de pie impulsándose de los descansabrazos de su antigua mecedora. Se le veía contrariada y algo cansada; como importunada por la pregunta de Miguel, pues aunque la poderosa arma de su subconsciente ido la había tratado de esquivar, no pudo dejar de pensar en ella. Las preguntas demasiado personales no le asentaban muy bien y por desgracia los muchachos tardaron mucho en advertirlo. Ella se dirigió con un movimiento aletargado hacia la cocina y en breve regresó con dos vasos con tan sólo dos dedos de refresco en ellos. Les dio a cada uno su vaso, empezando por Alex, quien por alguna razón le había caído más en gracia, aunque pensaba que los dos eran adorables. Alex era algo más maduro, y era más fácil comunicarse con él que con el cándido Miguel, quien aún vivía pegado a las faldas de su madre y no tenía una personalidad muy estable. Miguel era un chico solitario y lo peor era que se sentía cómodo siéndolo. Se sentía mayor cuando estaba con Alex, se sentía más seguro de sí.

Josefa tomó uno de los cuadernos que había sobre la mesa y leyó en su mente un párrafo escrito en algún momento de su vida. Lo tomó por inercia, por tener algo entre sus manos mientras los muchachos terminaban de fingir que la miseria de refresco que les había sido servido les estaba durando mucho tiempo y que lo estaban disfrutando mucho. Al principio pensaron que era una broma de Josefa, pero después ya no supieron ni qué pensar. Bebieron el último trago e inclusive hasta lamieron los vasos entre risas sordas para llamar la atención de su anfitriona, pero no lo lograron, era inútil, ella estaba concentrada en su lectura, viajando por los obscuros socavones de su memoria mientras recordaba momentos vividos, unas veces sonreía, otras sollozaba, otras murmuraba algo incomprensible, otras decía cosas muy bellas...

> "Sépase que el tiempo no está de
> mi lado, de la mano me lleva, con
> su paso apurado, me arrastra por
> la tierra como a un arado, el que
> pierde su filo al ser trabajado, ésa
> soy yo, mi cuerpo, mi alma, mi
> bien amado..."

Hubo un momento de silencio; de la nada había empezado Josefa a leer en voz alta fragmentos de sus escritos. No lo entendieron, claro, estaban tan nerviosos que ni si quiera prestaron atención a lo que había recitado la anciana, algo emocionada ahora. De pronto Josefa salió de una especia de trance y se disculpó por su indiscreción. Casi había olvidado que tenía compañía. Puso el cuaderno de regreso sobre la mesa y se sintió algo incómoda.

- ¿Quién escribió eso?- preguntó Miguel.
- Ay hijito, esas son cosas que a veces uno escribe cuando no tiene nada que hacer.
- Entonces, ¿usted lo hizo?
- Sí, yo lo hice. Como puedes ver, yo no tengo mucho qué hacer. Pero sólo lo hago para no aburrirme.

- ¡Es muy bonito!- exclamó Miguel, renunciando a la idea de no haberlo entendido.
- Gracias mi hijito. A la vejez se me ha olvidado cuán sedientos son los jóvenes. Les daría mas refresco pero sé que se regresan a sus casas a caballo y galopar con mucho líquido en la barriga hace mucho daño.
- No se preocupe, estamos bien. ¿Y esos cuadernos sobre la mesa, están todos escritos por usted?- le preguntó Alex.
- Sí hijito, todos ellos. Esos cuadernos son el producto de muchas horas de soledad. ¿En verdad les gustó el que les leí?
- Bastante- le contestó Miguel, quien odiaba quedar excluido de las conversaciones, aunque no siempre tenía buenos argumentos para formar parte de ellas. ¿Y a quién se refiere usted cuando dice "mi bien amado?"
- ...es una larga historia- les respondió Josefa suspirando los espesos efluvios de su condolencia y exprimiendo con sus párpados ajustados unas tímidas lágrimas que brillaban sobre su rostro. Parecía estar recordando algo muy intenso pero a la vez lejano, como si estuviese visitando un recóndito paraje de su memoria casi sepultada por el tiempo y la locura. Esta misma locura se apiadaba de ella con momentos de lucidez y ráfagas de recuerdos que la terminaban por atormentar. ¡Es una larga historia!

Los muchachos continuaron visitando a Josefa casi a diario, dos veces al día en algunas ocasiones. Se pasaban horas escuchando las narraciones cautivadoras de la anciana; cuentos irrisorios de exuberante contenido que eran muy difíciles de creer pero que se empeñaba en hacer pasar como ciertos, y como ciertos pasaban porque era ella la que los contaba, y de la boca de esa dulce señora no podían salir mentiras. Mantenía a los muchachos en un estado de suspenso tal, que ni un cataclismo los hubiese podido sacar de ahí antes de que Josefa acabase con una de sus historias. La magia de la anciana seguía patrones irregulares, ondulantes, que variaban desde la adicción total del oyente hasta la desmaterialización del argumento, lo que hacía que sus narraciones fuesen tan únicas como ella misma. Al final, la mayoría de sus historias terminaban en algún disparate, algún chispazo de irracionalidad, alguna mirada perdida, en alguna tierna caricia a su gato, o en la pérdida de su propia identidad. En esas instancias, los muchachos ya sabían que era el momento de retirarse.

Antonio y Zoila Alvarado, los padres de Alex, eran gente muy activa. Eran una pareja muy unida que vivía en realidad de sus tierras y no las usaban sólo como pretexto para usar botas en la ciudad o para evitarse las inoportunas visitas que nunca faltan cuando la gente vive muy cerca. A diferencia de los Salinas, quienes heredaron su hacienda al casarse, los Alvarado construyeron la suya desde los cimientos hace muchos años. Ambas familias eran muy unidas a pesar de las diferencias abismales que existían entre ellas. Don Miguel y Don Antonio tenían negocios en común y se veían casi a diario, ya sea inspeccionando sus campos o en la ciudad. Las señoras, a falta de teléfono, se visitaban tan seguido como podían, siendo casi siempre Zoila Alvarado la que iba a la casa de los Salinas, pues Marita era algo alérgica a la tierra y a los animales. Cada vez que ella visitaba la hacienda de los Alvarado, tenía que vestirse de manga larga y con sombrero de tela para evitar el contacto con tanto microbio. Había dejado de usar guantes desde que se burlaron de ella en una reunión al aire libre un tiempo atrás.

Alex y Miguel habían ya comentado vagamente en sus casas la existencia de Josefa, y con el paso de los días y las prolongadas ausencias de los muchachos cuando salían juntos, se ganaron un interrogatorio completo, luego del cual les prohibieron hacerle más visitas a la anciana y su gato. Ni una vez más, les dijeron, que puede ser peligrosa, que les va a meter cosas en la cabeza, que no y ¡que no! Deja de meterte con la gente de por aquí, le repetía Marita a su hijo hasta el cansancio mientras torcía el labio grotescamente y se soltaba el cabello con mucha gracia. Sin embargo, Josefa había cambiado la monótona vida de los muchachos, llenaba sus jóvenes y curiosas mentes con ambigua sabiduría e historias descabelladas con las que ellos se deleitaban por horas.

- Oye Alex, ¿te han dicho algo tus viejos?
- ¿Te refieres a lo de Josefa?
- A eso mismo. Mi vieja no quiere que vuelva a verla.
- Tu vieja es una aburrida. No sé qué carajos le ha dicho a la mía que también me ha salido con ese cuento.
- Así es ella. ¿Y qué vamos a hacer?
- Yo no sé lo que tú vayas a hacer, pero estás bien huevón si piensas que voy a hacer caso.
- Entonces... ¿vamos a regresar?
- ¡Ahorita mismo!
- ...justo la respuesta que temía- murmuró Miguel, algo mortificado por contradecir a su madre.

Luego que cada uno ocupó su acostumbrado lugar, Josefa les trajo sobre una fuente un par de vasos con lo que parecía ser las sobras del jugo del día anterior, pues un intenso olor a fermento de manzana inundó la habitación. El mal olor era muy evidente, pero la anciana no hizo ningún comentario, quizá por su olfato atrofiado, quizá por su predisposición a lo irracional, quizá por su multidimensional existencia, la que trastornaba sus sentidos. Nunca lo sabrían. Parecía que nunca la entenderían; la veían tan anciana, tan dulce y tan loca, sentada en su mecedora, impulsándose con sus diminutos pies, con movimientos apenas perceptibles, su cabellera siempre tan blanca y esponjosa, toda ella, tan mística, tan irreal en aquel lugar tan desolado donde todos se conocían y donde no la conocía nadie con la excepción de Romualdo. Habían descubierto a esa angelical criatura que decía cosas muy bellas y muchos disparates a la vez. Se sentían intrigados con su existencia y se habían propuesto indagar sobre ella. Le preguntarían a Romualdo; estaban seguros que el viejo sabía algo. Mientras tanto seguirían visitando a Josefa a pesar de las advertencias de sus madres.

- ¿Le gusta mucho escribir?- preguntó Alex al ver la pila de cuadernos sobre la mesa.
- Escribir- decía ella–es para mí un desahogo, un entretenimiento. Escribo lo que veo y lo que siento. Sin embargo, no saben cuánto me gustaría escribir más rápido.
- ¿Y por qué lo dice?- intervino Miguel.
- Lo digo porque a veces se le aparece a uno más de una idea a la vez y sólo puede escribir una. Para cuando uno la termina de escribir, casi siempre las otras ya se han esfumado.
- ...es cierto, la mente es así- acotó Alex, enderezando su postura sobre la silla de mimbre donde siempre se sentaba–es como cuando uno llega a un lugar y no recuerda para qué fue. Creo que es eso a lo que se refiere.
- Algo así, mi hijito; es algo así, pero no exactamente. Se ven unos muchachos muy inteligentes- dijo Josefa con la mirada fija en Alex–A mi padre, el presidente, le gustaba mucho escribir. Siempre nos mandaba cartas a mi madre y a mí. Eran cartas que venían desde el palacio donde vivía. Escribía muy bien, como todo un presidente, como el mejor presidente que ha tenido el país- seguía diciendo Josefa, casi temblando.

Ahora se mecía más rápido, el gato saltó sobre ella y se acurrucó en su regazo, entre mantas y bufandas bordadas, todas ellas muy arrugadas e impregnadas con el olor característico de la ropa guardada, naftalina y orín añejo. Era extraño, pues mientras su casa olía a ruda y canela, sus prendas emanaban olores muy desagradables, tanto que daba la impresión de estar pudriéndose en vida. Olía a descuido, a tristeza, a soledad y a sudores amoniacales.

De pronto esa fuerza, esa sensación de ligereza, esa falta de gravedad se metía por las ventanas y ahogaba los cerebros con sus potentes gases y substancias extrañas. Era el encuentro con otra realidad, el paso a otra dimensión. Los muchachos entraban en una especia de trance, que a pesar de asustarlos, lo encontraban de alguna manera placentero. Sin embargo, no lo llegaban a comprender; era algo muy propio del lugar y la persona con la que estaban. Josefa parecía unírseles por momentos, flotando sobre las nubes que sentían a sus pies y descubriendo nuevos colores en el prisma que ocupaba su visión.

- Alex, ¿qué carajo fue lo que nos ocurrió ahí adentro?- preguntó Miguel aún perplejo por la experiencia vivida.
- No sé Micky, yo estoy muy confundido, quizá hayamos estado soñando.
- ¡Nada de soñando!...los dos no podemos haber estado soñando lo mismo. ¿Crees que la vieja nos esté drogando?
- No lo creo. Se ve una señora inofensiva, pero uno nunca sabe. A mí me parece que estuvimos alucinando.
- A mí también. Quizá nos dio una hierba de esas que le jode el cerebro a uno y lo hace ver cosas.
- ¿Por qué no vamos a ver al viejo Romualdo y le preguntamos más acerca de Josefa?
- Sí, vamos. Yo creo que él sabe bien quién es esta señora.

Era un martes por la tarde y los caballos estaban descansados y listos para trotar, para dejarse arrancar la espuma de sus bocas por el viento y perfumar los campos con el aroma de sus crines sudadas. Los muchachos amarraron sus caballos en un sauce torcido junto a la fonda de don Romualdo. El viejo estaba en el cuarto oscuro, el de las mesas de madera y manteles de vinilo. Estaba leyendo un libro muy grueso con cubierta de cuero muy deteriorado. A su lado, sobre una mesa, reposaba un vaso de cerveza sin espuma. Los muchachos se detuvieron bajo el marco de la puerta y ajustaron su visión a la oscuridad. Romualdo les parecía un individuo muy enigmático, pero cuando vieron que a diferencia de Josefa, él bebía de vasos llenos, les dio la confianza necesaria para permanecer donde se encontraban. El viejo, sin mover la cabeza, les dirigió una mirada de reojo y con una señal los hizo pasar. La iluminación era paupérrima, no podían creer que Romualdo pudiera leer así. Cerró su libro marcando la página donde se había quedado con una hoja seca de laurel. Tomó un sorbo de cerveza y los invitó a sentarse. Se le veía débil, quizá estaba en una de sus locas olimpiadas de lectura durante las cuales se le olvidaba hasta de comer, pensaron ellos. Se sentaron frente a él y entonces notaron que Romualdo tenía ojeras. Se le veía mucho más arrugado de lo que estaba la última vez que lo vieron.

- ¿Cómo está usted, don Romualdo?- preguntó Alex.
- Muy bien, caballerito. Los años ya me pesan, pero aún me siento bien, dentro de lo posible, claro.
- No vemos que salga mucho. ¿No le gusta salir?- dijo Miguel.
- Ya no. Ya vi todo lo que tenía que ver allá afuera. Ya nada me llama la atención.
- ¿Y no se aburre?
- ¿Aburrirme? No, para nada. Nunca he tenido tiempo para aburrirme. ¿Ves todos esos libros? Cada vez que termino de leer uno de ellos, empiezo con otro. Y cuando termino de leerlos todos, vuelvo a empezar. Hay

muchas cosas que uno olvida, y otras que uno se da cuenta que el autor olvidó. Vean ustedes, lo que pasa es que a uno se le pueden ocurrir más de una idea a la vez, y sólo puede escribir una de ellas. Para cuando uno termina de escribir esa idea, lo más probable es que las demás ya se hayan esfumado.

- ...eso creo haberlo escuchado antes- dijo Miguel, dándole a Alex una patadita en el tobillo.
- No recuerdo quién me lo dijo, quizá lo he leído en algún lugar- agregó Romualdo.
- Yo sí me acuerdo quién me lo dijo- insistió Miguel.
- ¿Pues quién te lo dijo?
- Me lo dijo Josefa, la viejita que vive atrás de los cerros.

Romualdo tenía otra vez la mirada perdida, su atención fija en la única ventana de la habitación. Se puso de pie junto a ella, suspiró profundamente y empezó a relatar con voz muy triste, casi ahogada en llanto...la conocí en mis sueños, hace mucho tiempo, en un tiempo que ya casi he olvidado aunque parece que fue ayer. La recuerdo a ella, sí, la dulce Josefa. Ella venía a buscarme todas las noches en que soñaba. Se infiltraba en mis pensamientos con tanta delicadeza, con tanto amor. Solíamos caminar descalzos por la playa, tomados de la mano. Su gato siempre nos seguía. Me contaba historias magníficas de presidentes y palacios. Me acuerdo que le gustaba mucho escribir; era su única distracción en ese destierro en el que se encontraba. Hablaba de hechizos y maldiciones que no la dejaban vivir tranquila, que la tenían confinada al mundo oscuro donde vivía. Me dijo que por fin había visto una luz, la de esta ventana, y corrió hacia ella tan rápido como le fue posible. Me dijo que trató de despertarme en cuanto entró y me encontró aquí dormido sobre una mesa, pero no pudo. Al no poder despertarme, se hizo protagonista de mi sueño. Entonces sí la pude ver, la tomé de la mano y me enamoré instantáneamente de su dulzura. Vivimos momentos muy especiales, lo recuerdo muy bien ahora, todos pensaban que estaba enfermo, pues me la quería pasar durmiendo y soñando con ella a todo momento. Pero ella sólo vino de noche, cuando podía ver la luz de mi ventana; de esta ventana. Josefa fue mi amor secreto, tan secreto que sólo ustedes lo saben, y se los cuento porque han sido los únicos que han podido verla. Han visto a Josefa, mi bien amada.

Los extasiados muchachos quedaron mudos, tratando de asimilar la fascinante narración de Romualdo, palabra por palabra, con los ojos muy abiertos y fijos en el pobre viejo, sin poder decir una sola palabra.

- ¿Hace cuánto tiempo que la ven?- les preguntó Romualdo, parado aún frente a la única ventana de la habitación oscura donde se encontraban.
- Desde hace ya un par de semanas- respondió Alex, dando un paso al frente —Aunque nos han prohibido verla, igual la visitamos casi a diario.
- ¿Sus familias les han prohibido que la vean?
- Sí- dijo Miguel, poniéndose de pie junto a Alex, buscando siempre su apoyo—Dicen que nos mete cosas raras en la cabeza, y que si seguimos visitándola, van a hablar con ella para que no nos reciba en su casa.
- ¡Qué ingenuos! Los respeto mucho, pero se equivocan al pensar mal de Josefa. Además, no creo que ellos la puedan ver.
- ¿Cree usted que debamos seguir visitándola?
- Depende de ustedes muchachos. Sólo les puedo decir que deberían sentirse privilegiados por conocerla.
- Gracias don Romualdo, ya nos tenemos que ir.
- Adiós, y vengan más seguido. Quisiera que me cuenten más de Josefa. Pregúntenle si se acuerda de mí.
- ¿Y por qué no la va a visitar? Si quiere lo acompañamos.
- No podría, no es así de fácil. Ya lo entenderán.
- Como usted diga don Romualdo, ¡adiós!

De regreso a sus casas, los muchachos venían cabalgando lentamente, pensativos. Habían notado que Romualdo les había hablado con mucha sinceridad, y a pesar de su fama de borracho, ellos estaban seguros que él decía la verdad. Se le notaba en sus ojos brillosos, los cuales reflejaban mucho amor y mucha pasión. Las historias de Josefa y Romualdo empezaban a tener mucho en común, tenían cierto sentido dentro de lo descabelladas que eran.

Al día siguiente, Alex y Miguel fueron a caballo a la casa de Josefa. Ahí estaba ella, regando sus geranios marchitos con una jarra muy vieja y vacía. Estaba declamando preciosos versos a los mustios retoños que morían antes de nacer por el intenso calor del verano, que ese año había llegado tempranamente. Miraba a sus plantas con ternura y les hablaba de amor y de odio, de amistad y soledad. Les hablaba de luz de luna; una luz de luna que ella llamaba libertad.

- ¡Buenos días mis jóvenes y buen mozos amiguitos!
- Buenos días señora Josefa- le contestaron al unísono.
- Pobres de mis plantas, miren cómo se mueren a pesar de que las cuido tanto. A mi hijo le gustaban mucho las plantas, siempre las tenía tan lindas. Pero claro, eso fué mucho antes de que fuera presidente y viviera en aquel palacio con servidumbre, donde tenía quién le cuidara sus plantas.
- ¿...y era grande el palacio?- preguntó tentativamente Miguel.
- ¡El más grande! Y no era para menos, mi padre fue el mejor presidente que ha tenido el país.
- Su padre, claro. Pero, ¿y su hijo?- le preguntó Alex, casi sabiendo lo que le iba a contestar.
- ¿Sabes algo de mi hijo? Jesús santo, ¿qué le ha pasado a mi hijo? ¿Dónde está? Por favor, ¡díganme!- dijo Josefa muy alborotada, tirando la jarra al suelo y llevándose las manos a la cabeza, jalándose de los cabellos con fuerza y haciendo un gesto horrible con su cara arrugada.

- Tranquilícese por favor, no ha pasado nada, nosotros no conocemos a su hijo.
- Sí, mi hijo, no lo veo, dónde está, ¡Dios mío!

La pobre anciana se remangó el vestido y entró a su casa tan rápido como pudo, murmurando incongruencias. Cerró su puerta y dejó a los muchachos afuera, perplejos y convencidos de que no era muy buena idea hacerle preguntas sobre presidentes y palacios, y menos aún sobre su supuesto hijo. Los muchachos decidieron regresar al día siguiente, pues Josefa estaba muy exaltada y se quedaron muy preocupados por ella.

En efecto, al día siguiente la situación fue mucho menos tensa; se podría decir que hasta placentera. Alex y Miguel se cuidaron de los comentarios que hacían para no provocar otra misteriosa reacción en Josefa. No volverían a mencionar a su hijo, pues aunque no lo tuviese, era evidente que le traía amargos recuerdos. No estaban seguros de la reacción que tendría en cuanto le mencionaran a Romualdo, pero lo tenían que hacer y sólo esperaban el momento más adecuado para preguntárselo.

- ¿Les traigo un trozo de pastel, hijitos?- les preguntó Josefa con una voz tan dulce como la miel.
- No gracias, acabamos de comer- respondió inmediatamente Miguel, quien aún sospechaba que la anciana les estuviera poniendo alguna substancia tóxica en la comida que les invitaba. Todavía podía recordar la sensación de livianez tan extraña que sintieron la última vez que comieron uno de sus postres. Ultimamente estaban sintiendo sensaciones similares con tan solo entrar a su casa.

Estuvieron en silencio por un momento. Josefa estaba escribiendo algo en uno de sus cuadernos, ignorando por completo a los muchachos. Ellos estaban pensando en lo que iban a decir.

- ¡Señora Josefa!- rompió por fin el silencio el tímido Miguel.
- Dime, mi hijito- le contestó la anciana dirigiendo su mirada hacia él.
- Hay alguien que le manda saludos, alguien que la conoce y que quiere saber si se acuerda de él.
- ¿De verdad? ¿Y quién es esa persona, hijito?
- Don Romualdo. Romualdo Villegas. ¿Se acuerda de él?

Josefa levantó su cara y estiró su frente hasta borrar sus arrugas. Le brillaban los ojos como estrellas en una noche oscura y de pronto, aquel momento de suspenso fue interrumpido por el caer de su cuaderno y lápiz sobre el suelo. Los muchachos se miraron sin saber qué hacer, mordiéndose el labio inferior. Sólo esperaban a que Josefa tuviese otra de sus crisis nerviosas.

- ¿Han visto a Romualdo?- preguntó finalmente, sin agravar los síntomas de su desequilibrio.
- Sí. Nos preguntó por usted y nos encargó que la saludásemos de su parte. Se emocionó mucho cuando le dijimos que la habíamos visto. ¿Qué, eran novios?- añadió Miguel, recibiendo inmediatamente una patada disimulada de Alex por su intromisión.
- ¿Cómo está él?- continuó preguntando Josefa, ignorando los comentarios de Miguel y mirando fijamente a la ventana que tenía a su lado.
- Está bien, aunque se le ve un poco solo, un poco triste. Se la pasa leyendo todo el tiempo. Pero los fines de semana se entretiene con la gente que va a su cantina.
- Romualdo, mi vida, aquí estoy....y no te puedo ver. ¿Acaso tu luz se extinguió por siempre?- decía Josefa muy angustiada. Se llevó las manos a la cara y se echó a llorar.

La gorda Matilde entró al dormitorio de la señora Marita y anunció la llegada de su amiga Zoila, la madre de Alex. Marita estaba recostada y terminando de desayunar. Le dio un último sorbo a su café con leche, le entregó el azafate con el desayuno a medio terminar y le dijo que la hiciera pasar. Marita no tenía mucho apetito, quizá porque no fue su hijo el que le llevo el desayuno esa mañana, sino que fue la misma Matilde la que la despertó, la asustó y la dejó comiendo sola con el azafate sobre su mesa de noche. Miguel había salido temprano con Alex con el pretexto de pescar, pero su madre sabía que estaban viendo a la anciana del gato gris, a pesar de que se lo había prohibido. Ella había llegado a identificar ese nuevo olor a ruda y canela que llevaba impregnada la ropa de Miguel. Al minuto entró Zoila, siempre tan informal, con jeans y botas altas. Había transpirado y se vio muy fea al encontrar a Marita sobre su cama, en cleopátrica pose y con su pijama de seda, escobillándose el cabello. Envidiaba el buen gusto de Marita, su forma de vestir, su clase, pero sabía que eso no iba con ella. Ella prefería tener que limpiar la tierra acumulada bajo sus uñas al final del día. Marita esbozó una amplia sonrisa para recibir a su amiga. Los Salinas habían estado teniendo dificultades conyugales, y Zoila sabía lo que esta sonrisa significaba. Don Miguel y Marita habían hecho el amor hasta la madrugada y sus problemas al parecer estaban siendo resueltos poco a poco. Ellas se tenían mucha confianza y se contaban todo, la pasaban muy bien juntas y no era inusual que se quedasen conversando por horas. Hablaron de muchos temas, de sus esposos, de sus sirvientas, de la decoración de sus casas, del ruido de los animales en la noche, de sus hijos. Al hablar de sus hijos, era inevitable tocar el tema de Josefa. A ninguna le gustaba que sus hijos estuviesen metiéndose en la casa de esa desconocida. Al menos deberían ir a conocerla y ver qué tipo de gente era pues al parecer Alex y Miguel la irían a ver a pesar de todo. Decidieron ir en ese momento, pensaron que quizá encontrarían a sus hijos ahí y los confrontarían delante de Josefa para que no les quedasen ganas de regresar. Irían en el carro de Marita; odiaba que se empolvase, pero más odiaba caminar, subirse a la camioneta pick-up de Zoila que le parecía muy saltarina o montar a caballo. Esto último le daba miedo y mucho asco. Tenía asco al sudor exagerado de las bestias y a esa espuma blanca que les brotaba por los hocicos y que sacudían a menudo sobre sus jinetes. Marita se vistió rápidamente, se puso muy poco maquillaje y salieron avisándole a Matilde que ya regresaban, en caso que alguno de sus esposos preguntase por ellas.

Con las ventanas arriba y el acondicionador de aire prendido a toda velocidad, se dirigieron hacia la casa de Josefa por un camino angosto cubierto de un polvo muy fino que las obligaba a detenerse para esperar que se asentase y poder seguir manejando, pues la visibilidad se volvía casi nula. Zoila le aconsejó que manejase más rápido para que el polvo que levantaban no las alcanzase, pero Marita cuidaba mucho su carro y prefirió convertirse en un adobe sobre ruedas. El camino era muy accidentado. Era muy gracioso ver la cara de desagrado de Marita cada vez que su lujoso automóvil se balanceaba en el accidentado terreno o caía en algún hueco del mismo. Cada vez que un neumático lanzaba una piedra contra el chasis del automóvil, ella decía "Ouch" y hacía un gesto de dolor casi preocupante.

- Según lo que le he escuchado a Alex, esa casita de al fondo debe de ser la que buscamos.
- ¿Cómo sabes?- preguntó Marita distrayendo su atención del camino y cayéndose a un hueco. ¡Ouch!
- ¡Tú mira adelante! Lo sé porque junto a ella hay un ombú muy grande, como el que describió Alex. Creo que es el único ombú a muchos kilómetros a la redonda.

- ¿Ombú?
- Sí, es una especie de árbol de corteza muy blanda y crece mucho. Ahí lo tienes.

Estacionaron el auto bajo la sombra del ombú y sin vacilar se acercaron a la puerta y la golpearon un par de veces con los anillos de sus dedos. Les pareció extraño que nadie abriese pues los muchachos les habían dicho que Josefa no salía de su casa sino para regar sus plantas. Pensaron que no lo había hecho en mucho tiempo pues todas estaban muy secas. Insistieron tocando a la puerta, la que estaba desvencijada, y notaron que se abrió apenas un poco, chirreando las bisagras. De pronto se sintió un fuerte olor a humedad proveniente del interior; el típico olor de los hongos cuando se apoderan de un lugar. Zoila empujó la puerta y entró sigilosamente. La casa estaba oscura y vacía. No había señal de que un humano hubiese estado viviendo en aquel lugar por mucho tiempo. Marita también entró, vio alrededor de ella y sintió mucho asco. Se tapó la nariz con una mano y le dijo a Zoila que se tenían que haber equivocado, que eso sólo era un muladar de basura putrefacta. Zoila porfiaba que esa tenía que ser la casa; no había ninguna otra que tuviese las características descritas por los muchachos.

Las ventanas estaban abiertas y con los vidrios rotos, pero por alguna razón la luz se rehusaba a entrar por ellas. En una esquina encontraron un esqueleto y lo reconocieron como al de un gato. Tenía aún algo de piel pegada a los huesos y parches de su pelaje en algunas partes del cuerpo. Era más visible en la cola, era una fina pelusa gris. Marita tropezó con un trozo de madera y cayó de rodillas sobre el suelo inmundo.

- ¡Yo me largo de aquí!- dijo Marita luego de levantarse y sacudirse la tierra húmeda y pestilente de sus pantalones finos. ¡Voy a vomitar!
- No exageres Marita. Yo no entiendo lo que esta pasando aquí, esto está muy raro, pero vámonos antes de que te vayas de narices contra el suelo nuevamente.

- ¡Muy gracioso! Este lugar es repugnante.

Una vez de regreso en la casa de los Salinas, Marita y Zoila mandaron a un empleado a buscar a sus hijos. El sujeto regresó luego de una hora, jadeando de cansancio y sin los muchachos. No los había encontrado por ningún lado, era lógico, estaban en la casa de Josefa, oyéndola contar una historia de bucaneros que la habían tomado por rehén a cambio de un valioso botín de monedas de oro virreinales. Estuvieron sentados junto a ella por muchas horas, inclusive en el momento en que sus madres los buscaron ahí mismo, entre escombros de madera podrida y un gato muerto. Estaban ahí, pero se encontraban en una dimensión distinta, en un mundo paralelo al que se transportaban cada vez que traspasaban el umbral de la puerta de la casita bajo el gran ombú.

Más tarde, ante la insistencia del interrogatorio de sus madres, los muchachos admitieron haber pasado la tarde en la casa de Josefa. ¡No es posible!- les gritaban histéricas ellas. Ellas habían ido a ese lugar hacía unas horas y habían descubierto su farsa; Josefa no existía y era mejor que dijeran la verdad. Los muchachos se miraron levantando los hombros, sin saber qué decir. Sus madres estaban diciendo disparates, ellos estaban seguros de haber estado en casa de Josefa toda la tarde. Sentían que sus madres se estaban confabulando para hacerles creer que habían perdido la razón. No entendían lo que ocurría, querían volver a ver a Romualdo, él sí sabría explicarlo. Él lo tenía que saber. Él lo sabía todo.

Ahí estaba él, sentado en su viejo sillón de felpa, leyendo y bebiendo licor de caña. El olor de aquel licor, aunque se mezclaba con las emanaciones de espuma de cerveza que expelía el suelo de tierra prensada, era inconfundible e inundaba el ambiente. Romualdo leía un tratado de metafísica que databa del siglo anterior, tenía cubierta de cuero y se veía algo maltratado, como si lo hubiese leído un millar de veces. Quizá era uno de esos libros en los que el autor, por no poder escribir más rápido, había omitido ideas importantes que ahora flotaban en la mente del viejo sabio. Quizá era uno de esos libros a los que refutaba, con los que discutía y se enfadaba. Quizá era uno de esos libros que lo habían ayudado a ganarse la reputación de orate, de hombre venerable, de celebridad local.

- Sabía que vendrían- les dijo Romualdo, levantando la mirada.
- ¿Cómo lo sabía?
- Porque vi el auto de doña Marita levantar polvo en dirección al gran ombú.
- Sí, nuestras mamás dicen que fueron a ver a Josefa, pero que no pudieron ver sino una casa abandonada y maloliente- dijo Alex.
- Mi mamá dice que ahí no ha vivido alguien en mucho tiempo- intervino Miguel.
- ¡Y tu madre tiene razón!- exclamó el viejo Romualdo algo agitado.
- Ahora sí que no entiendo nada- le contestó Alex.
- Yo se los dije. ¿Qué, ya no recuerdan?
- Usted nos dice muchas cosas, pero no siempre las entendemos.
- Es porque no prestan atención. ¿Es que no se dan cuenta?- preguntó Romualdo con algo de euforia. ¡Sus madres no la pueden ver! ...aunque estén frente a ella, ¡no la pueden ver!

Hubo un momento de hondo silencio, de lenta asimilación y rechazo. Los muchachos bajaron la cabeza, dubitativos, aceptando que de alguna manera empezaban a entender el fenómeno en el que se veían envueltos. Ninguno podía encontrar la oración perfecta para romper el silencio.

- Pero usted sí puede, ¿no es verdad?- se animó a preguntar Miguel.
- Un día lo pude hacer, cuando la luz de esa ventana iluminó el oscuro claustro de la buena Josefa. Entonces la pude ver en mis sueños. Un día dejó de visitarme y cuando la fui a buscar, sólo pude ver lo que vuestras madres vieron; desolación. Entonces nunca más logré verla, ni en mis sueños ni en mi realidad. Tampoco supe nada de ella, nadie conocía de su existencia, la busqué como un loco pero nunca la encontré. Se fue sin dejar un solo rastro, se fue sin siquiera decir adiós- dijo Romualdo con lágrimas en los ojos.
- Entonces, ¿usted sólo la veía durante sus sueños?
- Así es, sólo en mis sueños. Ella me venía a buscar en las noches y de alguna manera se involucraba en mis sueños, los cambiaba, se deshacía de los demás personajes con los que soñaba y quedaba ella sola, sonriente. A veces no le era fácil interrumpir mis sueños, le demoraba convencer a los protagonistas que se fueran a entretener a otro humano. Recuerdo mucho cuánto me recomendaba que comiese ligero en las noches para evitar las pesadillas, pues le daba mucho miedo ser parte ellas. Es así como me llevaba a su mundo. Caminábamos hasta su casa, seguro la misma que ustedes conocen, y dejábamos transcurrir el tiempo entre pláticas deleitables y caricias. Hablábamos de tiempos que nunca viví pero que recordaba con claridad, de personajes ilustres que nunca conocí pero que terminé por admirar, de lugares muy hermosos en los que nunca estuve pero que conozco como la palma de mi mano. Fueron sueños, y los hubiese considerado sólo eso, un largo y placentero cúmulo de sueños, si no fuese por ustedes, que me vinieron a decir que había vuelto.
- Pero entonces eso significa que nosotros....- empezó a decir Alex, cuando Romualdo lo interrumpió.
- Es probable muchacho, es muy probable.

- ¿Qué es muy probable?- preguntó muy contrariado Miguel, quien no sabía a qué se referían.
- Que estén soñando- le contestó el viejo Romualdo con su mirada fija en sus ojos. En algún momento vuestra realidad se está confundiendo con vuestros sueños; sueños que están soñando otra realidad y que los hace olvidar sus verdaderos sueños. Josefa ha visto en ustedes la luz de su libertad y está haciéndose presente en vuestros sueños como lo hizo conmigo hace muchos años.
- Y entonces, ¿veremos lo mismo que vieron nuestras madres si es que vamos a su casa despiertos?
- Probablemente muchacho. Sin embargo hay un problema.
- ¿Y cuál es?
- Que nunca sabrán cuándo están despiertos y cuándo están soñando.

Los gallos abanicaban sus alas y bajaban de sus improvisadas perchas, dando los primeros cantos de la mañana. La lejana silueta de la luna llena estaba aún impresa en el firmamento oscuro. La luz de las estrellas se rendía ante el astro rey que ya bostezaba un nuevo día. Josefa tenía razón cuando decía que cada estrella era un pensamiento, un sentimiento y a veces hasta un lamento.

Alex fue a buscar a Miguel para salir a pescar. Estaba aburrido y no le gustaba sentirse así. Matilde, la empleada gorda de los Salinas, lo hizo pasar a la sala mientras anunciaba su llegada a Miguel. Éste aún dormía. Salió en sus pijamas, bostezando y escondiendo su erección matutina. No tenía muchos deseos de salir tan temprano, pero no quería quedar mal con Alex. Le era difícil seguirle el paso, pero hacía todo lo posible por no quedarse atrás. Le dijo que lo esperara, que en unos minutos estaría listo.

Hacía aún algo de frío en la laguna. Una capa de inmundicias verdosas cubría parte de ella. Los altos juncos se mecían con la ligera brisa de la mañana. Transcurrió algo más de una hora y sólo lograron pescar diminutos peces plateados que resolvieron devolver al agua.

Sin querer, sus miradas divagaron hacia los alrededores hasta fijarse en el gran ombú que se divisaba a cierta distancia. Lo miraban afinando su vista y haciendo temblar sus párpados, como intentando recordar una lejana y escurridiza memoria, un sueño pesado que se empeña en desaparecer de sus mentes y que los obliga a correr tras él para alcanzarlo o perderlo para siempre. Ambos lograron recordar parte de aquél sueño, se sintieron embargados por un sentimiento sobrenatural que les pareció familiar. Decidieron dar por terminada la absurda pesca y se encaminaron hacia el árbol que les había llamado la atención. Al sentir la sombra del ombú tuvieron miedo y caminaron con mucha cautela, mirando a su alrededor antes de dar cada paso y respirando sin hacer mucho ruido. Se acercaron a la casita y se asomaron por la única ventana que tenía, por la cual les pareció haberse asomado no mucho tiempo atrás. Los vidrios estaban rotos, al igual que sus corazones. El interior de la casa estaba en ruinas y el olor a moho era intenso. No sabían qué decir, de pronto sintieron escalofríos y una sensación de cosquilleo en el reverso de sus cuellos.

- ¿No vas a decir algo?- preguntó Miguel.
- No sé Micky. ¿Dónde está Josefa? ...porque tú también la conoces, ¿no es cierto? ¿O es que me estoy volviendo loco?
- Claro que la conozco. La hemos conocido juntos, ¿o no?
- Recuerda lo que nos dijo el viejo Romualdo. Lo que está ocurriendo es que ahora estamos despiertos, sí, eso es lo que está ocurriendo- dijo Alex.
- Tengo miedo.
- Nada de miedos Micky, ahora entiendo todo. Vamos a ver a Romualdo, quiero verlo ahora que estamos despiertos, pues no sé si mañana lo volvamos a estar.

Ahí estaba Romualdo, sentado en su viejo sillón de felpa, leyendo y embriagándose lentamente con licor de caña. Nada se veía diferente que en sus sueños, todo lo que veían a su alrededor les era familiar; las mesas de madera con manteles de vinilo, la ventana que iluminaba la habitación, el olor a espuma de cerveza fermentada impregnada en el suelo de tierra prensada, la misma imagen de Romualdo era tal y como la habían soñado. Los muchachos entraron al bar y se pararon bajo el marco de la puerta que daba al gran salón oscuro, como siempre lo habían hecho, en espera de una señal de invitación por parte del viejo. Luego de un prolongado momento de silencio consiguieron esta señal y entraron hasta donde se encontraba Romualdo, libro y copa en mano. Lo vieron algo sorprendido, como si no esperara una visita semejante.

- ¿Qué hacen ustedes por aquí, muchachos? ¿Se han perdido?
- No, don Romualdo- le contestó Miguel–Usted nos dijo que lo visitáramos cuando quisiéramos y a eso hemos venido.
- ¡Un momento! ¿De qué me están hablando? Yo sé quiénes son, pero les puedo asegurar que es la primera vez que hablo con ustedes. Se deben de haber confundido con otra persona.
- Pero...- prosiguió Alex con palabras entrecortadas–si ayer mismo estuvimos aquí, y hablamos de los sueños, y de la luz, y de Josefa...¿lo recuerda?

El viejo se estremeció, cerró su libro sin marcar la página, se puso de pie con la cabeza en alto y caminó lentamente hacia la única ventana que había en la habitación. De pronto sus ojos se llenaron de lágrimas, como si las hubiese estado guardando para esa ocasión por mucho tiempo. Con la voz ahogada en un hondo suspiro, exclamó: ¡Josefa, has vuelto!

Miguel tenía las uñas clavadas en el tapiz de su silla, estaba casi temblando de pura angustia y desesperación. Alex mantenía la compostura lo mejor que podía, pero su rostro delataba su aguda confusión. "Creo que es hora de que se marchen", les dijo Romualdo sin darles la cara y desapareció tras la puerta de una habitación contigua. "Has vuelto", murmuró una vez más mientras cerraba la puerta tras de sí.

Alex dedujo que la razón por la cual Romualdo no los había reconocido era porque estaban despiertos. La mágica conexión que tenían con Josefa sólo se daba en sus sueños. Hoy no habían despertado soñando, y por lo tanto, Josefa no existía en la realidad de hoy. Sin embargo, sabían que el nombre de Josefa había provocado una reacción en el Romualdo de hoy, al igual que lo hizo con el Romualdo de sus sueños. Él la conocía, eso era por seguro, pero también era evidente que no quería hablar de ella; al menos no en ese momento. Parecía como que el viejo, de un momento a otro, se hubiese enfrentado con una tormenta de recuerdos muy queridos y muy dolorosos a la vez.

Al día siguiente Alex fue a buscar a Miguel a mediodía y Matilde lo recibió a regañadientes, haciéndolo pasar al cuarto del "joven Miguel". Perlita, la hija adolescente de Matilde, estaba planchando ropa a un lado, con la mirada baja, pues era muy tímida. No le gustaban los excesos de confianza de Alex, y mucho menos las miradas indecentes que éste le daba disimuladamente y que la hacían sentir tan avergonzada. Miguel aún dormía y Alex lo despertó saltando sobre su cama y sacándole de un tirón las sábanas.

A la media hora estaban listos para salir, ensillaron los caballos y salieron a todo galope, con una mano en las riendas y la otra en el látigo de cuero, abrazando los estómagos de las bestias con sus piernas y dando golpes de taco con los estribos. Sus ligeros cuerpos llevaban el ritmo del galope, sus cabellos flotaban sobre sus cabezas y sus sentaderas se elevaban de la montura y caían sobre ella con cada zancada.

Al llegar a la laguna se sentaron en la orilla y buscaron piedras planas para hacerlas saltar al tirarlas sobre la superficie del agua. Querían hablar de Josefa pero no sabían cómo empezar la conversación. Al fondo, frente a ellos estaba el gran ombú, y de pronto sintieron que los llamaba con el agitar de sus ramas. Gallinazos volaban a gran altura formando un gran círculo. Un grupo de campesinos pasó caminando por un sendero a unos cien metros de la laguna, cargando lampas sobre sus hombros y algunos traían puestos rústicos sombreros de paja trenzada para protegerse del sol. De pronto sintieron aquél olor, sí, era inconfundible el aroma de ruda y de canela. Estaba en el ambiente, flotando en el aire, produciendo sensaciones de añoranza en los muchachos, quienes no podían dejar de pensar en Josefa. Montaron nuevamente sus caballos y se dirigieron hacia el gran ombú dibujado graciosamente en el horizonte, meciendo sus ramas y llamándolos. A mitad de camino se encontraron con el padre de Miguel, quien andaba vigilando los cultivos de su hacienda a caballo. Cada vez que esto ocurría, don Miguel le pedía a su hijo que lo acompañase, pues quería inculcarle un poco de interés por las tierras. Miguel era su última esperanza de encontrar algo de apoyo en los asuntos de la hacienda, pues sus otros dos hijos no querían saber nada de la hacienda y se encontraban estudiando en el extranjero. A Miguel no le apasionaba la idea de heredar la hacienda y vivir ahí encerrado por el resto de su vida, como lo había hecho su padre, pero por otro lado quería darle gusto haciéndolo pensar que así sería. Los muchachos hicieron un gesto poco emotivo a don Miguel y lo siguieron en su larga inspección, terreno por terreno. Al llegar a cada potrero, él le decía a su hijo el nombre del potrero y el tipo de cultivo que crecía en éste, esperando que así se aprendiera el nombre de ellos. "Éste se llama Santa Rosa, hijo, y está sembrado con algodonales. El que le sigue se llama Brandán y lo tenemos sembrado con tomates, ¿lo ves?, está viniendo muy bien, parece que va a ser un buen año; las plantas están sanas y el clima está perfecto". Los muchachos oían aburridos las infinitas explicaciones sobre prevención de plagas y los avances modernos de la agricultura que les impartía don Miguel, fingiendo interés cuando en realidad lo que querían era ir a visitar a Josefa, si es que existía en ese día. Seguir a don Miguel los condujo de regreso a la casa de los Salinas y terminó por agotarlos tanto, que decidieron quedarse ahí.

Miguel era aficionado a la lectura, podía pasarse noches enteras con la mente concentrada en Verne o Emilio Salgari. Su padre tenía una apreciable cantidad de libros en su oficina, muchos de los cuales habían pertenecido a su abuelo anteriormente. Algunos, decía don Miguel, ya llevaban cuatro generaciones en la familia. Había muchas novelas contemporáneas, clásicos de la literatura y otros libros muy antiguos y apolillados, con cubierta de cuero y letras doradas sobre un papel amarillento, parecidos a los que leía el viejo Romualdo.

Los Salinas habían salido a una reunión en la casa de unos amigos de la ciudad. Miguel pensó que era una buena oportunidad para enseñarle a Alex ese libro que una vez vio entre la colección de su padre, y que tenía que ver algo con sexo, o al menos eso creía. Ambos pasaron más de una hora desempolvando y leyendo el lomo de muchos libros, sin llegar a encontrar el deseado, o alguno otro del mismo tema. En cambio, encontraron una caja de cartón casi deshecha con seis libros muy antiguos dentro. Las cubiertas de cuero grueso estaban casi podridas por la humedad y los años. Eran intrigantes y de pronto se interesaron en saber lo que pensaba la gente que vivió en el tiempo en que se publicaron. Encontraron un tratado de física escrito en latín y con letra dibujada. Entre los otros libros habían textos de filosofía que hablaban de Sócrates y de Platón, un tratado de matemáticas con geometría elemental, un diccionario botánico con muchas hojas secas entre las páginas y un compendio de química atiborrado de fórmulas. En el fondo de la caja encontraron los residuos de un último libro del cual no quedaba mucho por leer. Sólo algunos ribetes dorados sobrevivían en la cubierta de cuero casi desintegrado, y algunas hojas en su interior que aún podían ser leídas entre los socavones hechos por las polillas hambrientas de saber. Dejaron el resto de libros a un lado y se concentraron en el más destrozado, del que ni su fecha de impresión pudieron rescatar. Les fue evidente que aquél libro no pertenecía a la colección que acababan de encontrar, pues se veía diferente y estaba escrito en un castellano muy antiguo. Por la variación de los caracteres dedujeron que había sido escrito a mano. El olor a libro viejo y a humedad era insoportable y Alex estornudó varias veces. Pudieron reconocer además un aroma familiar, les pareció sentir el mismo olor que sentían cuando visitaban a Josefa; era ese olor a ruda y a canela que los había estado acechando últimamente. El papel estaba tan teñido de tiempo que apenas se distinguía lo escrito, y lo distinguible era a veces incomprensible. Parecía una colección de cuentos, pues no encontraban relación de continuidad alguna. Muchas oraciones se perdían en inmensos túneles de polillas cultas que habían devorado gran parte de aquella reliquia. Luego de leer un par de páginas, en las que hablaban de caballos blancos alados y de oscuras hechiceras quemadas en hogueras en noches de luna llena, decidieron confiscar el hallazgo y leerlo de a pocos hasta encontrar su esencia, su propósito, y quizá hasta les guiara hacia algún tesoro escondido, o algo macabro, algún secreto antiguo muy valioso, algo que les interesase o que por lo menos ocupase algo del resto de las vacaciones que aún les quedaban.

Las resquebrajadas y temblorosas manos de Josefa abrieron la puerta de su casa cuando los muchachos la fueron a visitar. La volvían a ver luego de unos días de vida real. Los muchachos se pusieron muy felices cuando la vieron... ¡Al fin soñaban! Vieron todo en su lugar: los muebles, los escritos de Josefa sobre la mesa, los vidrios intactos en las ventanas de madera, la bandeja con vasos diferentes a medio llenar de agua de manzana medio fermentada, el gato frotando su cuerpo contra las patas de las sillas. La anciana escribía en silencio y con la mirada perdida.

Habían llevado el libro antiguo que encontraron en el librero de don Miguel. Pensaron que alguien muy antiguo, como Josefa, podía ayudarlos a descifrar lo que decía. Ni bien se lo entregaron, ella empalideció tan repentinamente que casi pierde la conciencia. La dulce anciana enjugó sus ojos con un manantial de lágrimas y abrazó el desbaratado libro con todas las energías que le quedaban. Lloraba desconsoladamente, en voz alta y con convulsiones en las que parecía ahogarse. Los muchachos estaban muy asustados y de pronto dejaron sus asientos y se prepararon para salir de la casa lo más rápido posible. Miguel empezó a llorar. Él siempre se contagiaba de emociones ajenas. Alex suspiró y se tragó el principio de un llanto que no quería dejar escapar. Él mismo se acercó a ella y le puso una mano sobre su hombro. Enseguida, una contraorden emocional detuvo con brusquedad la aflicción de Josefa y le hizo retomar la compostura. El sudor de sus ropas malolientes se condensó en la habitación y su hedor luchaba con la ruda y la canela por la soberanía del olor. Estaba temblando; mucho peor que cuando le preguntaron sobre su hijo, el presidente.

- ¡Este libro fue mío!- dijo Josefa con la voz entrecortada.
- Ese libro es de mi papá- acotó Miguel, algo ofuscado por el comentario de la anciana.
- Me lo regaló mi padre hace muchos años- continuó Josefa, quien aparentemente no había prestado atención a lo que había dicho Miguel.
- ¿Y usted cómo lo sabe?
- Mi padre lo mandó a escribir para regalármelo por un cumpleaños. Lo mandó desde su palacio, con un mensajero. Tenía una dedicatoria en la primera página.
- Pero la primera página es una de las que faltan.
- Claro que falta; la tengo yo guardada.
- Y entonces, ¿cómo vino a dar el resto del libro a manos de mi padre?
- Es una larga historia- suspiró Josefa.
- Nos encantaría saberla- dijo Alex, siempre queriéndolo saber todo.
- Pues la verdad es que a mí me dio mucha ira que mi padre no viniera a verme por mi cumpleaños. Este libro fue todo lo que me mandó. Arranqué la primera página, la que llevaba su dedicatoria y firma, y con el mismo emisario que lo trajo se lo mandé de regreso. Le mandé decir que me quedaba con la primera página porque llevaba algo de él, que es lo que yo quería, un poquito de él, pero que el resto no me interesaba.
- Pero sigo sin entender cómo fue a parar en las manos del papá de Miguel- dijo Alex, insistente.

- Cuando mi padre murió, hordas de gente saquearon el palacio donde vivía. No dejaron nada, se llevaron todo, los muebles, los óleos, adornos exquisitos, y claro, los libros. Luego algunos de estos objetos fueron vendidos a coleccionistas por cantidades fabulosas, otros fueron malbaratados en el mercado negro. Hay algunos artículos que hasta fueron exportados y ahora adornan museos europeos. Cuentan que el gentío se envenenó de ambición y hasta olvidó recoger el cadáver del presidente; el mejor que ha tenido el país. Gente desgraciada y malagradecida, pasaban como manadas de búfalos salvajes sobre el inerte cuerpo de mi padre, quien yacía abrazado a la bandera. En fin, yo pienso que el señor Miguel seguro compró el libro a algún contrabandista. ¡Que pequeño es el mundo, yo nunca pensé volverlo a tener entre mis manos!- Con extrema delicadeza Josefa retiró el libro de su pecho y se lo devolvió a Miguel. Tenía la palma de sus manos empapadas en sudor.
- ¿De qué se trata?- les preguntó a los muchachos- ni siquiera leí el título cuando me lo dieron, sólo recuerdo estos ribetes dorados de la cubierta y mi inicial en el lomo, ¿la llegan a distinguir?
- Si, claro, aún se distingue. Bueno, parece ser una colección de cuentos- dijo Alex.
- Sí- intervino Miguel- habla de brujas y de criaturas monstruosas. No hemos podido encontrar el significado de muchas cosas, ni la fecha de impresión.
- Debe de estar en las primeras páginas. Al parecer el tiempo ha sido más cruel con él que conmigo; está muy maltratado.
- ¿Aún conserva las primeras páginas del libro?- preguntó Alex.
- Las debo de tener, aunque hace mucho tiempo que no las veo. Recuerdo que cuando era pequeña las solía leer todas las noches antes de dormir. Lo hice hasta que mi

padre murió, llevándose consigo hasta el apellido que nunca me dio. Murió y se llevó mi identidad y mi preciada libertad, me dejó encerrada en un mundo de tinieblas del que sólo puedo salir cuando veo una luz brillante, muy brillante, que me lleva a lugares distintos e impredecibles. Sólo he podido ver esa luz en dos ocasiones, y cada vez que creo haber encontrado la libertad, la luz se opaca y termina por desaparecer por completo, dejándome sola, hundida en una fosa sin salida. Me desespero y lloro hasta quedarme sin lágrimas, no quiero regresar a ese lugar- dijo Josefa con una voz tan pura, tan celestial y transparente, que ni Alex pudo contener el llanto esta vez.

Los muchachos, con sus tiernas mejillas surcadas por los sentimientos hechos manantial, tomaron de la mano a Josefa y trataron de reconfortarla mientras trataban de entender el problema de la dulce anciana.

- Esas dos ocasiones que dice en que vio esa luz brillante, ¿fueron acaso cuando nos vio a Romualdo y a nosotros?
- Sí mi hijito, eres un chico muy inteligente.
- ¿Qué pasó con Romualdo?
- Él y yo nos quisimos mucho; fueron los días más felices de mi vida. De pronto la luz de su ventana se fue debilitando hasta que un día ya no pude despertarlo. Lo veía durmiendo, sabía que me estaba esperando, pero nunca más pude hablar con él. Su luz acabó por extinguirse y perdí contacto con él y con el mundo todo hasta el momento en que vi las luces provenientes de ustedes. Aparecieron las dos al mismo tiempo iluminando mi oscura vida una vez más.
- ¿Hasta cuándo?- preguntó desatinadamente Miguel.
- No lo sé hijito, no lo sé.
- ¿Nos puede enseñar la primera página del libro?

- Voy a buscarla, enseguida regreso- dijo Josefa y se dirigió hacia su habitación seguida por su gato gris.

Luego de casi media hora regresó a la sala, era evidente que había seguido llorando. Traía en sus manos un rollo de papel sujetado por un lazo rojo desteñido. Alex lo desató cuidadosamente y tendió la hoja frente a sí. Vio la fecha de impresión, era de hacía más de doscientos años. El libro de Josefa tenía más de dos siglos de existencia y había sido escrito especialmente para ella. Tenían a su lado a una reliquia humana que a pesar de su sobrenatural edad, seguía buscando la luz de su libertad permanente para así vivir el resto de su vida como lo hizo cuando fue joven; libre y feliz. Josefa les pidió a los muchachos que no la leyeran en su presencia, que se la llevasen y se la devolvieran la próxima vez que fueran. Sabía muy bien lo que decía la hoja y no quería escucharlo en ese momento. La anciana se disculpó y se retiró a su habitación.

- ¡Don Romualdo, mire lo que le hemos traído!- dijo emocionado Alex.
- ¿Cómo están, muchachos?
- Bien- le contestó Miguel–y disculpe que no hayamos venido a verlo, pero hemos estado viviendo en la realidad demasiado tiempo. Bueno, lo vinimos a ver pero no se acordó de nosotros. Me alegra que estemos ahora soñando.
- Pues a mi me alegra que Josefa les haya abierto las puertas de los sueños. Lo que no entiendo es por qué yo estoy siendo parte de ellos. En fin. ¿Qué me dijeron que habían traído?
- Es este libro; lo que queda de él al menos.
- ¿Un libro? Pues se ve muy antiguo. ¿Y qué tiene de especial?

- Véalo por usted mismo, don Romualdo.

El viejo lo examinó y leyó algunos párrafos de diferentes partes del libro, sin llegar a descubrir el motivo por el cual los muchachos lo consideraban tan especial.

- ¿De qué se trata esto? No entiendo- dijo Romualdo cerrando el libro y devolviéndoselo a Alex.
- Ésta es la primera hoja del libro, quien sabe ahora si lo entienda. Este libro fue de Josefa. Su padre, un presidente, lo mandó a escribir para ella y se lo regaló en uno de sus cumpleaños, hace mucho tiempo.
- ...entonces, ¿éste es el famoso libro que le regaló su padre?
- Sí- le contestó Alex–veo que ya sabía de su existencia. Observe la fecha en que se lo escribieron.
- ¡Será esto posible!- exclamó el viejo con la cara muy pálida y el corazón agitado–¿Lo han leído?
- Un poco- dijo Miguel–habla de criaturas extrañas, de hechizos, de luces brillantes y muchas cosas más.
- ¿Luces brillantes?- preguntó Romualdo muy emocionado y con la mirada clavada en la única ventana de la habitación–¡Adoro a esta mujer, la adoro, aunque sea más vieja que el mismo diablo, la adoro! Saben muchachos, tengo un presentimiento muy agudo, este libro puede contener el secreto de Josefa. Necesito encontrar la llave para liberar a Josefa de ese infierno en el que vive. Déjenme leerlo, ustedes acompáñenla todo lo que puedan; no sabemos hasta cuando lo van a poder hacer. Búsquenme mañana- dijo Romualdo con un brillo muy inusual en sus ojos.

A pie esta vez, los muchachos se dirigieron a la casa de Josefa. El gran ombú se divisaba en el horizonte. Alex iba pateando piedras y subiéndose sobre los muros de adobón que corrían paralelos al camino. Miguel iba en cambio cuidando de no empolvarse y quejándose del calor que lo hacía sudar y ya le estaba produciendo dolor de cabeza. Alex lo convenció de que lo siguiera por el lomo de los muros y también le dijo que no fuera marica. En un momento se detuvieron a orinar, y desde el mismo muro, formaron dos grandes arcos de líquido amarillo que terminaban en el maizal de al lado. Cruzaron ambos arcos en el aire y fingieron una lucha de espadas hasta que sus vejigas se secaron. Los muros estaban pintados con propaganda política y mensajes de amor. Luis y Sofía dentro de un corazón, "Juan Diego estuvo aquí" y "te amo, Chiquito", fueron algunos de los que leyeron durante su caminata.

Al llegar a la casa de Josefa, ésta los recibió con la dulcísima sonrisa de siempre. Estuvieron con ella más de dos horas, la ayudaron a recolectar leña para los meses de invierno y escucharon varias de sus historias sin igual. El dolor de cabeza de Miguel empeoró con los fuertes olores de la casa y decidieron marcharse. Josefa les preguntó sobre el libro y los muchachos le contestaron evasivamente. No quisieron hablarle de Romualdo pues la notaron algo susceptible. ¡Me siento cansada!, dijo la anciana haciendo crujir sus huesos mientras se acomodaba en su mecedora. Los muchachos se despidieron de ella y de su gato y emprendieron su camino de regreso con algo de apuro para no llegar oscuro a sus casas. Esta vez no caminaron sobre los muros ni pelearon con arcos de orín.

A mitad del camino sintieron que el viento los llamaba. Escuchaban sus nombres perdidos entre el aire que respiraban. Oyeron silbidos. Éstos sí tenían que ser del viento; sabían que al viento le encantaba silbar. Escuchaban sus nombres con más claridad pero no podían identificar la procedencia del sonido. Se detuvieron y miraron con detenimiento a su alrededor. Vieron a lo lejos la figura de un hombre que les hacía señales con los brazos. Era él quien los estaba llamando, no el viento. Se acercaron con un poco de cautela hacia el hombre y se dieron con la sorpresa de que era don Romualdo. Corrieron hacia él y agitados le preguntaron qué ocurría. El viejo casi no salía de su casa y verlo en medio del campo buscándolos les había preocupado.

- ¡El libro!
- ¿Qué pasa con él?
- Habla de Josefa. Estoy seguro que es a ella a quien se refieren. Habla de sus misterios, de una luz brillante, que es la misma luz que la llevo a mí y a ustedes. Explica cómo fue puesta bajo los efectos de un hechizo al momento de nacer y predice su vida en caso que el hechizo nunca se disuelva. Y adivinen que más dice el libro.
- ¿El libro dice como disolver ese hechizo?- le preguntó Alex luciendo su prodigiosa intuición.
- Creo que sí. No lo dice en forma muy clara, pero voy a intentar descifrarlo.
- Y si la desencantamos, ¿podría quedarse en...la realidad?...¿con nosotros?- preguntó Miguel muy emocionado.
- No lo sé muchacho, pero podría ser posible. No puedo contener mi emoción. Daría la vida por volverla a ver- dijo Romualdo con la mirada perdida en el horizonte, observando cómo el viejo ombú partía el panorama con sus enormes ramas y daban sombra a la casita abandonada y destruida de Josefa.
- ¿Lo podemos ayudar?
- No lo sé. Necesito un poco más de tiempo para leerlo. Vayan a verme mañana en la tarde; yo los estaré esperando. Ahora, por favor ayúdenme a bajar de esta loma, no me explico cómo he podido llegar hasta aquí. Supongo que la emoción me llenó de fuerzas. Necesitaba darles la noticia.

Ya más sereno, Romualdo se aisló en un momento eterno y de mucha concentración. Sus predicciones eran correctas, el libro hacía mención de un caso fenomenal; una serie de profecías esotéricas con trasfondo demoniaco que hicieron temblar al viejo hasta el punto de tener que dejar de leer y emborracharse hasta quedarse dormido en un sueño sin razón, sin ganas, sin sueño después de todo. Se había encontrado con los blancos caballos alados y las hechiceras quemadas en hogueras en noches de luna llena, gritando blasfemias aún después de muertas. Josefa vivía atrapada en un mundo paralelo, un mundo oscuro, donde la soledad se había convertido en su única amiga.

Hace muchos, pero muchos años, cuando caballos alados aún pastaban en las llanuras y el sol alumbraba con más fuerza, un poderoso presidente, dueño de la ley y amo de la verdad, ordenó quemar a Moravia, la más poderosa y respetada de las hechiceras. A ella se le atribuían conexiones con las fuerzas del mal y se decía que inclusive el mismo diablo se le había rendido en una lucha de poderes ocultos que nadie podía entender pero que todos temían. El presidente, cansado de esas enfermizas historias, quiso de una vez por todas demostrarle a su inculto pueblo quién era el dueño del poder, del poder único, el que podía mandar a la hoguera a la bruja más bruja. Cabezas rodaron degolladas por profundos surcos, las espaldas de soldados ardieron en carne viva tras ser azotadas implacablemente y la hoguera se apagó y volvió a prender muchas veces y no hubo ni un solo individuo capaz de llevar a Moravia a la hoguera. El pueblo, intimidado por los poderes de la hechicera y de su presidente, permanecía en sus casas esperando la resolución de esta confrontación. ¡Si nadie quiere obedecer a su presidente y llevar a esta bruja del demonio al fuego- dijo a gritos el presidente en la plaza pública–me importa un carajo, pues yo mismo la voy a quemar viva! Y así lo hizo. Ante las horrorizadas miradas de todo aquel que se atrevió a asomar la cara por su ventana, el presidente llevó de los pelos a la hechicera, la ató al poste de madera y le prendió fuego a los troncos apilados alrededor. Un grupo de brujas menores se congregó en la plaza y contemplaron a su líder mientras murmuraban cosas incomprensibles. Moravia, hirviendo entre chispas y llamaradas, invocó a su aliado, el oscuro mal, y maldijo públicamente al presidente y a su descendencia. Conjuró que nadie de su familia vería la luz del sol en cuanto él muriese, pisoteado por su propia gente. Siguió maldiciendo aún después de que el fuego feroz la despojase de sus ropas y le devorase sus carnes y su largo cabello negro. Luego de casi una hora de maldiciones y olor a chicharrón, Moravia expiró y su esqueleto cayó sobre las cenizas de los troncos consumidos.

Dos décadas después, cuando cazadores furtivos habían acabado con los caballos alados y las brujas habían emigrado hacia tierras muy lejanas, el presidente, muy borracho en una noche de parranda solitaria, embarazó a la madre de Josefa entre bofetadas e insultos, en una lucha de instintos que buscaban defenderse de la vergüenza y el escándalo.

La simpática empleada del presidente, preñada y humillada por él, fue enviada a una posada del gobierno y atendida secretamente durante el periodo de gestación, parto y post parto hasta que la criatura, una graciosa hembra a quien su madre le puso por nombre Josefa, hubiese completado su dentadura de leche y empezase a preguntar lo que no debía. El señor presidente había tratado a ambas lo mejor posible dentro de sus posibilidades, pues no podía hacerlas parte de su vida por completo. Les llevaba regalos cuando regresaba de sus viajes y las visitaba una vez por semana, pero nunca les pudo entregar lo suficiente de su tiempo, o de su amor. No transcurrió mucho tiempo hasta que Josefa y su madre se cansaran de vivir en ese mundo anónimo de cuatro paredes. La madre de Josefa empezó a presionar al presidente para que, aunque fuera por compasión, le diera a su hija una mirada tierna, un beso en la frente, algún signo de afecto, de comprensión. Esa insistencia sacó al presidente de sus casillas y las desterró a vivir en una pequeña finca suya que tenía abandonada desde hacía muchos años. Mandó pintar y decorar la casita y a sembrar hortalizas en el huerto.   Un joven ombú frente a la casa ya empezaba a dar sombra por las tardes.

Aunque el presidente siempre vio por Josefa y su madre, ellas vivieron solas por mucho tiempo, el tiempo que le tomó al frondoso ombú alcanzar su estatura máxima, el tiempo que tomó para que el presidente se enfermase con la sarna agresiva que ya carcomía su piel arrugada y lo hacía bramar de dolor.   Para cuando el pueblo caminó sobre el cuerpo del presidente, éste ya estaba muerto en vida.   Las heridas agusanadas de su piel dejaban ver hasta sus huesos blancos y drenaban hasta sus ganas de vivir.   Por innumerables noches no pudo dormir debido a la picazón de la piel, por lo que sus ojos se secaron y se vieron como de vidrio por permanecer con ellos abiertos día y noche sin siquiera parpadear.   Ciego y putrefacto, se convirtió en presa fácil del pueblo sublevado.   La madre de Josefa había muerto algunos años antes de un ataque de risa.   Fue tan triste para Josefa ver a su madre despatarrándose de risa hasta morir, en una esquina de su habitación y golpeando el suelo con sus puños duros como mazos, embarrada en el charco de sus desperdicios.   Desde el día en que su madre murió, la dulce Josefa vivió en esa casa con la sola compañía de su gato gris hasta la tarde fatídica en que el presidente dejó de existir.   Esa misma noche, Josefa se acostó para no volver a ver la luz del sol.   Quedó encerrada en su oscuro destierro fruto del hechizo que Moravia conjuró a su padre, y quedaría ahí por mucho tiempo, sin poder vivir, sin poder morir, hasta que alguien la liberase de esa maldición.   Habían transcurrido más de dos siglos desde que dejó de ver la luz del sol, estaba cansada de vivir sin vida y el consuelo de su soledad era la esperanza de experimentar más de aquellas fugaces e impredecibles liberaciones que la habían acercado al mundo en un par de ocasiones; una con Romualdo casi veinticinco años antes y ahora con Alex y Miguel.   Estas tres personas fueron su único contacto con el mundo real, con el mundo del que un día fue parte, las únicas fuentes de alegría desde que la luz se extinguió de su vida.

El viejo Romualdo, sin comer ni descansar por días enteros, descifraba los acertijos y mensajes ocultos que encontró en el libro. Tenía miedo que las polillas se hubiesen comido las respuestas a sus preguntas. Tenía en sus manos la oportunidad de entender la situación de Josefa y quién sabe si hasta de liberarla de su encierro eterno y llevarla a su lado para siempre. El viejo lloraba de puro amor y frustración cuando no entendía lo que el libro decía. Su contenido era muy confuso, muy vago, y eso lo desesperaba. Se tomaba otro vaso de licor de caña y volvía a empezar a leer, concentrándose en cada palabra. Abrió su baúl de libros y desempolvó varios ejemplares que usó para encontrar el significado de varias palabras que no entendía. Algunos segmentos estaban explicados en forma de acertijo, y estos estaban volviendo al pobre viejo completamente loco, pues le tomaba mucho tiempo descubrirlos. - ¡Esto me va a tomar años! – Decía rabiando, dejando caer su arrugada cara sobre las amarillas y carcomidas hojas del libro, triste y enamorado del recuerdo de Josefa, de los momentos felices que vivieron juntos muchos años atrás. Extrañaba mucho su querida Josefa, su bien amada.

Los muchachos lo fueron a buscar unos días más tarde. Ahí estaba él, con el libro sobre sus piernas. Se le veía muy débil y muy borracho. ¡No puedo; esto es mucho para mi!- les dijo a los muchachos en cuanto los vio.

- Me estoy encontrando con partes a las que no puedo darles un significado real. Quizá esté interpretando lo escrito de una manera equivocada...me rindo, no puedo– les dijo Romualdo llevándose las manos a la cabeza y jalando con fuerza de sus blancos cabellos.
- Déjenos ayudarlo–contestaron los muchachos.

- No creo que me puedan ayudar en mucho, pero si así lo desean, ¡bienvenidos, tres cabezas piensan mejor que una!

El viejo retrocedió algunas páginas del libro, con mucho cuidado para no deshojarlas, buscando con la mirada lo que buscaba. Escuchen esto, les dijo:

> "El sol no brillará más, cuando el poder caiga en la hoguera, por vergüenza o por maldad, el culpable ha de pagar, y el retoño que aún no brota por sus culpas sufrirá, hasta que el dueño del recinto de su poca claridad, se arrepienta por el hombre y las cenizas del poder, y destruya al creador de la penumbra que la envuelve, en cualquiera de sus formas, hasta quitarle su sombra".

- Todo esto debe de tener un significado importante en la vida de Josefa, pero no se a qué se refieren. Puedo deducir parte de estos acertijos, como el origen del hechizo por culpa de su padre. Claro, el poder en la hoguera es la incineración de la bruja poderosa en un acto público, ya les he contado yo todo al respecto.
- Y por eso también lo de vergonzoso y malo; lo que el presidente le hizo a la bruja debió de ser sumamente humillante para ella- observó Alex.
- Claro que sí. Esta parte, "el retoño que aún no brota" tiene que referirse a Josefa, hija del presidente que aún no nacía. Pero entonces, ¿quién es el dueño del recinto de su poca claridad?. ¡Yo ya no puedo pensar!

- Bueno, por lo que nos ha dicho- intervino Miguel–la única claridad que ella ha visto ha sido la luz de su ventana...y las nuestras.
- Es cierto- le contestó Romualdo transluciendo en su mirada una chispa de esperanza–es cierto, nosotros somos su claridad. Quiere decir que el recinto de su claridad son nuestras casas, y sus dueños, nosotros.
- ¿Lo ve don Romualdo?- le dijo Miguel–no era tan difícil como creía. ¿Qué dice la siguiente línea?
- "Se arrepienta por el hombre y las cenizas del poder". Y creo saber a qué se refiere con eso.
- ¿A qué? Es a la bruja, ¿no es cierto?
- Creo que sí, Alex. Creo que el hombre es el presidente y las cenizas del poder son los restos de la hechicera.
- Entonces, ¿el hechizo se romperá si pedimos perdón por lo que hizo el padre de Josefa?
- No creo que sea tan fácil como eso, Miguelito. Pero parece ser que eso es parte del antídoto que estamos buscando. Las últimas líneas están muy confusas.
- ¿Usted escribió estas palabras al margen?
- Sí Alex. El escrito original, como pueden ver, usa palabras que ya no existen y signos que han evolucionado en los que ahora conocemos. Tuve que investigar en mis libros de consulta el significado de varias palabras y traducirlas al castellano contemporáneo. Con respecto a esas dos últimas líneas, el "creador de la penumbra" se supone que era la hechicera, que ya está muerta. ¿De qué sombras habla?, ¿de qué formas habla? No lo sé.

Los muchachos despertaron por más de dos semanas en la viscosa realidad, donde no podían ver a Josefa, donde Romualdo sólo los conocía de vista y de nombre, y donde todo ahora les parecía aburrido y agotador. Pasaban horas en la casa de Miguel, sentados en la terraza y disparando con sus carabinas a aire comprimido a cuanto pájaro volase frente a ellos. Ya ni las bromas que le jugaban a Perlita los entretenía. La última vez le habían llenado los bolsillos de su mandil con grillos y le habían engomado su ropa interior que había dejado secando al sol. Se la pasaban espiándola, querían saber dónde se bañaba, pues sabían que los empleados contaban con un baño público construido sobre una acequia que se llevaba los desperdicios hasta el mar, pero no con un regadero. Un día la siguieron hacia unos cañaverales y la vieron detenerse a la orilla de un manantial en donde a veces ellos pescaban renacuajos. Perlita se desvistió cuidadosamente y se metió al agua fría de a pocos. Sacó de una bolsa de plástico un trozo de jabón y cubrió con la espuma su joven cuerpo. Se enjabonó con esmero, frotándose con mayor intensidad los duros pezones. De pronto salieron de la maleza Alex y Miguel abruptamente, riéndose de la pobre muchacha, quien llena de pavor se cubría el cuerpo con lodo del fondo del manantial y con las plantas que flotaban a su alrededor. Alex quiso llevarse consigo la ropa que se iba a poner ella, pero Miguel lo convenció de que eso sería demasiado. Miguel se disculpó con Perlita, le dijo que no sabían que ella estaba ahí y los muchachos siguieron su camino, dejando atrás a la muchacha llorando y muerta de pudor.

Caminando llegaron hasta la laguna donde nunca pudieron pescar y conversaron en la orilla mientras tiraban piedras en el agua verdosa.

- Oye Micky, ¿tu mamá se sigue molestando por lo de Josefa?
- Mi mamá se molesta por todo. Sabes que estuve pensando y hay algo que no entiendo. Cuando vemos a Josefa estamos soñando, sin embargo la gente sabe que hemos ido a verla.
- Tienes razón. Deben saberlo porque les hemos hablado sobre ella, pero cuando la vemos, según Romualdo,

nuestros cuerpos están en camita durmiendo. Mi mamá me ha preguntado si he seguido yendo a verla, pero siempre le invento alguna historia, y siempre se las cree.

- Mi mamá no es tan cojuda como la tuya, pues.
- No te metas con mi vieja, huevón.
- Está bien, solo bromeo.
- ¿Vamos a verla?
- ¿A tu vieja?
- ¡No, imbécil! Vamos a ver a Josefa.
- ¿Ahora?
- Claro, ahora mismo.
- No creo que valga la pena ir hasta allá ahora. Mira, desde aquí se distingue algo su casa, ¿la ves? Se le ve destruida, no va a estar.
- Yo casi no veo nada, Micky. El arbolazo ese que tiene enfrente la tapa casi toda; creo que nunca cae el sol sobre su casa por culpa del árbol.

El silencio se apoderó del momento, perturbado sólo por el eco de las últimas palabras de Alex, a quien lo dejaron pensando. De pronto éste se puso de pie, contempló fijamente el gran ombú dibujado a la distancia con la casita al lado y se puso a dar saltos de alegría, cayendo luego al suelo entre carcajadas.

- ¿Y a ti qué te pasa? No me asustes idiota, ¿qué has visto? ¿Te volviste loco?
- No hombre, no estoy loco- le contestó Alex controlando la risa—es que se me acaba de ocurrir algo.
- ¿Y qué es?
- Lo que acabo de decir hace un rato, que el árbol siempre le da sombra a la casa de Josefa. Quizá sea eso a lo que se refiere el libro. ¿Recuerdas?
- Claro que recuerdo, pero yo no creo que se refiera a un árbol.
- ¡Es una posibilidad! Si no actuamos no vamos a poder ayudar a Josefa. Vamos a decírselo a Romualdo.

- Esta bien, pero no ahora.
- ¿Y por qué no? No hay tiempo que perder.
- Acuérdate que no estamos soñando, él no sabrá de qué estamos hablando.
- Tienes razón. Ojalá podamos ir mañana- dijo Alex mientras orinaba sobre la laguna, con una cara de satisfacción producida por su brillante deducción y por el mismo placer de orinar.

El perfil angular de Romualdo, inclinado hacia delante y absorbido por los acertijos del libro, era apenas visible ante el pobre resplandor que le llegaba desde su ventana. Las horas se hacían días y el pobre viejo, sumido en angustias y en mil copas de licor, rumiaba el amargor de su vacío estómago y secaba su sudor de alcohol con las mangas de su camisa. Estaba tan concentrado en lo que hacía, que aguantaba sus necesidades con las piernas cruzadas por muchas horas para no perder la ilación de las ideas, decidiendo ir al sanitario cuando generalmente ya era demasiado tarde. Nadie supo cuánto tiempo se pasó encerrado en esa habitación estudiando el libro de Josefa. Sus clientes habituales de fin de semana tocaron a su puerta con nudillos y manotazos, pero fue en vano, pues él nunca les abrió. Pensaron que el viejo se había muerto, pero no olía a muerto. Pensaron que el alcohol que llevaba en el cuerpo no lo dejaba podrirse. Esperarían hasta el siguiente fin de semana, y si el viejo no les abría la puerta, éstos la derribarían y lo sacarían de ahí para enterrarlo en el cementerio de la gente buena, pues Romualdo había sido siempre un buen hombre y merecía cristiana sepultura. La gente que lo conocía empezó a planear un gran velorio por si lo encontrasen muerto. Habría mucho licor y una banda de música tocaría algo propio para la ocasión. Lo enterrarían como se merecía, con muchos lirios blancos, en un nicho espacioso y con sus datos casi adivinados esculpidos en una fría lápida de mármol.

A mediados de la semana siguiente, don Romualdo oyó que alguien tocaba a su puerta con evidente premura. El viejo, quien tenía los pantalones embarrados de mierda y húmedos con los orines del día anterior, despertó de su trance y se aprestó a abrir la puerta. Apenas tenía fuerzas para levantarse y caminar. Al abrirla, el resplandor intenso de la luz exterior lo cegó, sin poder llegar a distinguir el rostro de sus visitantes, aunque sabía por sus voces juveniles que se trataba de Alex y Miguel. Los muchachos lo saludaron y perplejos se quedaron viendo su decrépita apariencia. Tenía la barba blanca ya bien crecida y unas ojeras descomunales. El viejo contestó sus saludos exhalando un torrente de aires malolientes que abatieron a los muchachos y los hizo sentir la inmensa cantidad de licor que había ingerido.

- ¿Se siente bien, don Romualdo?
- Sí Miguel. Un poco cansado, nada más. Creo que necesito un café bien cargado. Pasen muchachos, siéntense mientras yo pongo el agua a hervir.

Antes de sentarse, Alex se acercó a donde Romualdo había estado leyendo y pudo ver el libro de Josefa, abierto en la misma página del acertijo que les leyó unos días antes. La pestilencia les era insoportable; pensaron que preferían sentir el olor a cerveza derramada y a humedad que siempre emanaba la casa de Romualdo, a aquella concentración de deshechos humanos que se habían escurrido entre los pliegues de la silla del viejo.

Romualdo dejó agua hirviendo en una tetera y se metió a la habitación contigua. Caminaba con las piernas arqueadas por la desagradable sensación de sus porquerías invadiendo su ropa. Unos minutos después, salió lavado y con ropa limpia; tenía el pelo mojado y peinado con raya al lado. Se le notaba avergonzado y sin saber cómo disculparse, pero el silbido de la tetera le dio un buen motivo para desviarse hacia la cocina y reponer su compostura. De regreso al salón les ofreció café pero los muchachos declinaron el ofrecimiento muy educadamente. Se sentó en una silla diferente, puso su taza de café sobre su mesa de lectura y peló cuidadosamente la cáscara de una manzana que encontró en su bodega, echándola luego en el baúl donde guardaba sus libros. Antes de devorar la manzana, sintió que los muchachos demandaban con sus miradas una explicación por lo que había hecho. Romualdo sonrió y les explicó que su intención era la de preservar la memoria de sus libros, que sería un crimen que olvidasen lo que saben y que las cáscaras de manzana eran muy buenas para la memoria. Los muchachos miraron el techo por un momento para evitar la tentación de reír y permanecieron en silencio hasta que Romualdo terminó de comer su manzana.

- Don Romualdo...
- Dime, Alex.
- Le quería comentar algo acerca del libro.
- ¿Han pensado en algo? Yo ya me estoy volviendo loco pensando.
- Creo que sí. Puede ser sólo una tontería, pero quizá es lo que estamos buscando.
- Dímelo muchacho, cualquier cosa es mejor que nada en este momento.
- Pues es la parte que habla de la sombra...en cualquiera de sus formas, ¿recuerda?
- ¡Cómo no he de acordarme, si he venido pensando en aquello desde la última vez que los vi!
- Eso fue hace más de dos semanas, don Romualdo.
- ¿Qué?. Eso no puede ser, no creo que haya sido tanto tiempo.
- Me temo que sí, don Romualdo. Hace más de dos semanas que no podemos venir a verlo.
- No soñaban, ¿eh?
- Exactamente. Cada mañana íbamos a la laguna y de ahí veíamos si es que la casa de Josefa estaba pintada y arreglada o hecha pedazos. De acuerdo a lo que veíamos

nos dábamos cuenta en qué realidad habíamos despertado.
- Claro, entiendo. Pero dime en lo que has pensado, muchacho.
- Pues piense, ¿qué es lo que le da sombra a Josefa en todo momento?
- ¿Su casa?
- A ella le gusta salir a regar sus plantas muertas. Aún en esos momentos, ella camina bajo la sombra.
- El árbol junto a su casa; el ombú. Muchacho, ¡puede ser que hayas dado en el clavo!

Alex asintió con una orgullosa sonrisa. El viejo cerró sus ojos y evocó silenciosamente algo difícil de entender. Se le veía muy concentrado, como si estuviese tratando de comprender algo que no cabía en su cerebro, algo muy grande, algo que estaba arrancando de él lágrimas de regocijo y de esperanza. O era aquello, o era el café, pero el semblante de Romualdo había cambiado totalmente, los colores habían vuelto a su rostro de buen hombre. ¡Aleluya!- gritó el viejo. De pronto regresó a su sillón de felpa y retomó la lectura del libro, haciendo gestos que arrugaban mucho su cara, ceñía la frente, parpadeaba convulsivamente, se mordía los nudillos, sacaba su lengua seca como cartón y la ponía de regreso en su boca, apretando sus mandíbulas con mucha fuerza.

- Todo empieza a tener sentido- decía Romualdo en voz baja–Quien sea que escribió esto, tenía una gran pasión por complicar las cosas. A veces ocupa toda una página para decir algo sin importancia, mientras que en otras ocasiones concentra lo esencial en un párrafo compacto y casi abstracto.
- ¿O sea, don Romualdo, que va a poder descubrir el secreto de Josefa?
- No lo sé, Miguelito. Pero no he perdido la esperanza de hacerlo. El secreto de Josefa está aquí, en estas páginas.

El resto del libro parece que sólo describe la época en la que vivió Josefa; narra historias de gente famosa, acontecimientos que pasaron inadvertidos, las cacerías de caballos alados, la quema de brujas y las obras de su señor padre, el presidente.

- ¿Tuvo Josefa alguna vez un hijo?
- Sí, tuvimos un hijo.
- ¿Tuvimos?- le preguntaron los muchachos al unísono.
- Sí, muchachos. Es muy doloroso para mí, y por eso no se los había comentado. Josefa y yo engendramos un hijo, fruto de nuestros amores soñados. Ella regresó a su mundo oscuro poco después de que nació y lo llevó consigo.
- ¿Y dónde está él?
- Murió loco de terror. Se sofocó en la densa oscuridad de su destierro y lloró hasta que la soledad de su eco le consumió la razón y su pequeño corazón dejó de latir. Unas semanas después de que Josefa desapareció de mi vida, escuché su voz una noche tortuosa de pesadillas y sudor frío. En su dulce voz me dijo sobre la muerte de nuestro hijo. Me pidió que lo olvidase, al igual que a ella, pues sabía que quizá nunca nos volveríamos a ver. Me sentí morir.
- Me lo imagino, don Romualdo- le dijo Alex–¿Y esa fue la última vez que supo de ella?
- Sí muchacho. Y ahora, al leer este libro, entiendo muchas cosas. Todo parece estar escrito aquí. Hasta la muerte de mi hijo, fíjense, aquí dice que "el brote del retoño habrá de marchitar antes de tener raíces que lo sostengan". La verdad está oculta aquí, en estos papeles amarillentos. Es más, aquí hay una parte en la que da a conocer el dolor de su padre al saber el destino de Josefa tal y como lo dictó la hechicera. También dice que el presidente contrató a uno de sus sabios de confianza para que escribiera el libro como un recurso de salvación, y nadie sabe si funciona en realidad. Esa salvación está

ahora en nuestras manos, y espero que aún estemos a tiempo para liberar a Josefa.

Cargados de hachas y machetes filosos fueron en lenta caminata don Romualdo y los muchachos en dirección a la casa de Josefa. Tomaron un atajo a través de un campo de cultivo en descanso con galletas de lodo seco que crujían bajo sus pies. Una cuadrilla de empleados con sus lampas al hombro pasó en fila caminando sobre la cresta de una colina, escupiendo a cada momento el sudor que resbalaba de sus frentes. Era un día muy caluroso y triste. Los siempre alborotados gorriones atenuaban su sofocación en las ramas de los árboles, con su respiración agitada y sin ganas de cantar.

El viejo Romualdo estaba casi temblando y su débil cuerpo se desvencijaba con cada paso que daba. Tantos días sin comer habían agotado sus energías. Se detenía para descansar cada cinco minutos, miraba hacia el horizonte, suspiraba y regañaba a los muchachos- ¡Apúrense muchachos! Los muchachos sonreían ante la emoción que sobrellevaba a Romualdo y trataban de entretenerlo, pues temían que le fuera a dar un infarto.

- Le gusta mucho leer, ¿no es cierto?
- Mis libros son mis compañeros. La gente viene y va, pero los libros quedan. Ellos me aconsejan, me enseñan aunque muchas veces están equivocados, y me entretienen. Claro que hay que tener cuidado con lo que uno lee. Nunca se olviden de que los libros han sido escritos por gente como nosotros, que se equivoca. Tienen que aprender a cernir lo leído, eliminar las impurezas y quedarse con la pura esencia del conocimiento de gente que vivió mucho y que quiere compartir lo que saben con los amantes de la cultura.

Ustedes deberían de leer. Este país necesita gente preparada y presta a dar soluciones, no problemas.

Poco antes de llegar a la recta que desembocaría en la casa de Josefa, Romualdo se detuvo bruscamente. Enderezó su cansada espalda y dirigió su mirada hacia los muchachos. Les preguntó en qué condición habían visto la casa de Josefa antes de irlo a ver. Ellos le respondieron que la habían divisado desde la laguna y estaba en buen estado, como cuando ella estaba ahí. Romualdo suspiró y les dijo que lo más probable era que a él no le iba a ser posible verla. Siguieron caminando por el angosto sendero, guiándose por el ombú que divisaban a lo lejos. Una tupida cerca de retorcidos sauces delineaba las orillas del camino; los caprichosos árboles parecían estar tomados de la mano, meciéndose juntos por el gentil soplido del aire tibio de verano. Zancudos hambrientos retozaban sobre las aguas estancadas de la acequia que a duras penas avanzaba a la vera del camino. Sus orillas estaban cubiertas de musgo y plantas envejecidas y cansadas de esperar el repunte del río para lavar sus hojas con agua fresca. El camino parecía hacerse cada vez más estrecho, más polvoriento, más triste. El ombú, algo cabizbajo, los vio acercarse lentamente, al paso de Romualdo, hasta que su sombra los cubrió por completo. Les pareció muy extraño que el deshidratado árbol, aún habiendo perdido gran parte de sus carnosas hojas, regalaba una amplia y fresca sombra. El imponente árbol era la majestad botánica del lugar.

Romualdo se peinó el cabello con las manos y se acercó a la casa de Josefa. Se detuvo frente a ella y exclamó que ya lo sabía; que estaba tal y como se la había imaginado.

- ¡Los envidio, muchachos! Benditos ustedes que pueden gozar de la sencilla belleza de este lugar. En cambio, yo sólo veo madera podrida y basura.
- Pero, don Romualdo...- intentó decir Miguel.

- ¡Esto es un desastre!- lo interrumpió Romualdo–apesta a orín de animal. Que suerte tienen de no ver lo que yo tengo que ver.
- ¡Don Romualdo!
- Sí Alex, ¿qué pasa?
- Que yo veo lo mismo que usted.
- Y yo también- agregó Miguel.
- Pero, ¿no me dijeron que esta mañana...?- un vacío muy hondo impidió al viejo continuar.
- Esta mañana sí. Pero ahora todo es diferente. No comprendo- le dijo Alex mientras miraba alrededor de él.

Romualdo tiró su machete a un lado, se hincó de rodillas al suelo y lanzó un largo y silencioso gemido, capaz de partirle el corazón a quien lo escuchara. Los muchachos se convirtieron en hombres en el momento en que vieron a Romualdo llorar. Sus arrugadas manos cubrían la desventura que expresaba su rostro húmedo. ¡Se ha ido!- dijo el viejo cuando pudo hablar–mi Josefa, mi amor, mi bien amada, te has ido otra vez, ¿por qué no me esperaste?, te adoro vida mía, te amo más que a nada en este o cualquier mundo, ¡por qué te fuiste!, regresa a mi lado, dueña de mis sueños, ¡regresa! Yo lo sabía, no debí esperanzarme, ahora que te había dejado de llorar en las noches, ahora que había aprendido a vivir sin ti, ahora me dejas otra vez solo, sin tu cariño, sin tus caricias, ¡por favor vuelve!- gemía desesperadamente el pobre Romualdo, sumido en un mar de penumbras que lo ahogaba con cristalinas lágrimas que fluían incontablemente por las arrugas de su rostro. Los muchachos, derramando su joven llanto sobre los hombros de Romualdo, lo abrazaron y compartieron con él el dolor de haber perdido, quizá para siempre, el mágico aroma de ruda y canela, a Josefa, la dulce anciana de las tiernas sonrisas, las manzanas envenenadas, las historias fantásticas y los poemas de amor en tinieblas.

Luego de acompañar a Romualdo de regreso a su casa, Alex y Miguel caminaron hasta llegar a la orilla del mar; el mismo mar de espumas blancas que rugía en las noches de insomnio al arrastrar el pedregal de su suelo, en ese juego muy propio de las mareas de arrojar con sus olas arena y piedras para luego volverlas a recoger. Las bravas olas se abatían contra las peñas donde pescadores en calzoncillos rotosos sacaban mariscos con los pies y los metían en alforjas de malla que ellos mismos tejían. Pelícanos volaban muy livianos al ras del agua, sus siluetas partiendo el encendido horizonte donde el sol se aprestaba a tocar con su caliente tez la frescura del mar.

- ¡Pobre don Romualdo!- exclamó Miguel.
- Sí, tengo miedo que el viejo se vaya a morir de pura pena.
- Vamos a verlo mañana.
- Claro que sí. Pero sabe Dios si mañana nos vaya a reconocer. Si Josefa se ha ido, entonces ya no sé si sigamos soñando como antes.
- Tienes razón.

Los muchachos emprendieron el camino de regreso a sus casas ya que estaba oscureciendo. Decidieron pasar por los manantiales donde Perlita se acostumbraba a bañar. Ambos, pero especialmente Alex, querían verla desnuda por completo.

- ¡Entren muchachos!
- Don Romualdo, ¿cómo está?- preguntó Miguel.
- Bien Miguelito, sólo un poco cansado.
- Lo hemos venido a visitar muchas veces en los últimos días, pero no nos abrió la puerta.

- ¡Qué raro! Habría estado durmiendo seguro. O quizá me esté quedando sordo. Tienen que tocar fuerte a la puerta.

Sus fieles comensales de fin de semana casi habían desbaratado su puerta un par de días antes, desesperados por entrar y entregarse sin resistencia a los efectos del alcohol: su invencible espontaneidad, su relajada felicidad, su llanto inconsolable. Pensaron nuevamente que el viejo había muerto y quisieron enterrarlo, pero no olía a muerto y dedujeron que debía de estar vivo, aunque medio desquiciado. Todos sus intentos por entrar fueron en vano, pues Romualdo nunca les abrió la puerta, ni se las abriría jamás. Ya estaba bueno de tanta parranda, se dijo él entre suspiros, ya ni puedo pensar de tan borracho que estoy, que se vayan todos, embriáguense en sus casas, buenos para nada, irresponsables, y yo tengo la culpa, yo que los enveneno con aguardiente a cambio de su compañía, ya está bueno, déjenme tranquilo, ya no me pregunten nada porque me he olvidado de todo, no me traigan más parturientas porque ya no me quedan nombres para sus hijos, no me traigan más enfermos que el que necesita sanar ahora soy yo, carajo, que me van a romper la puerta, váyanse, ¡olvídense que existo, por el amor de Dios!

Romualdo se sentía consumido por la pérdida de Josefa, y era sólo a los muchachos a quienes aceptaba ver. Siéntense- les dijo—lo bueno es que esta vez sí los escuché tocar a la puerta. Y ya nadie supo si todo aquello era parte de un sueño o si simplemente el viejo los había llegado a conocer en su vida real de tanto que lo visitaban. Los muchachos notaron cuán deprimido se le veía y decidieron no preguntarle acerca de Josefa. En ese momento los reconocía, y eso era todo lo que importaba.

Romualdo, algo ruborizado por el hedor que brotaba del suelo de tierra de su casa, intoxicado de licor, abrió la única ventana de su casa y dejó saber con una expresión de deleite cuánto gozaba llenando sus pulmones con el aire del campo.

Olía a hierba fresca y al guano de caballos que quedaba regado por los caminos. Un ligero aroma a pescado procesado proveniente de un puerto cercano matizaba artísticamente los adictivos efluvios de la naturaleza. Observaba atento un punto indescifrable en el infinito de las sábanas verdes del valle. Afinaba su vista y hacía temblar sus párpados, como si intentara recordar algo perdido en su memoria, como si fuese ésta la primera vez que veía lo que tenía frente a sí. ¡Qué bonito día!- dijo finalmente Romualdo. Los muchachos asintieron con sus cabezas melenudas y quedaron a la expectativa del resto del comentario del viejo, quien era el que siempre conducía el rumbo, las interrupciones, los motivos y el desencadenamiento de las conversaciones. Pero no lo hizo; se quedó prendido de los barrotes de la ventana, cual reo anhelando su libertad sabiendo que la puerta de su celda está abierta, como suplicando ser parte del mundo pero a la vez ser el dueño de su soledad.

- ¿Y en qué está pensando don Romualdo?- se aventuró a preguntarle Alex.
- Tengo aún mucho por leer del libro de Josefa; me gustaría terminar de leerlo, si me lo prestan un tiempo más.
- Claro que sí, quédeselo hasta que lo acabe de leer- le contestó Miguel–¿Usted cree que haya algún secreto en él que nos diga cómo traer de regreso a Josefa?
- Es posible, Miguelito. No quisiera perder las esperanzas. Mientras tanto sólo me queda seguir leyendo este libro viejo que va a terminar por desollar mi cansada mente. ¡Qué bonito día!

- ¡Miguel!
- Sí, mami.
- Ven aquí hijo. Aghhh, ¡pero si apestas horrible! ¡Qué asco! ¿En qué muladar has estado? Snif, snif, me vas a hacer vomitar- dijo Marita mientras presionaba su nariz con dos dedos y hacía el gesto que todos hacemos al comer un limón.
- Estuve con Alex, jugando por la laguna.
- Los Alvarado serán muy buenas personas, pero para cochinos nadie les gana. Tu tía Zoila, te digo, llega a veces con una facha de zarrapastrosa que ni te imaginas. Te juro que ya sólo le falta una lanpa en las manos y sería una perfecta campesina.
- Lampa, no lanpa.
- ¡Lo que sea! Pero es un amor de gente; no debería estar hablando mal de ella. Supongo que te irás a bañar y cambiar.
- Sólo he venido a comer, luego vuelvo a salir. No me voy a bañar dos veces hoy. Voy a cazar lagartijas con Alex.
- ¡Lagartijas!. No me digas que hay de esos bichos por aquí, te prohibo que te acerques a esas cosas, que te pueden dar alguna enfermedad rara, ¡que repugnante!
- Ay mamá, no es para tanto.
- Haz lo que quieras, pero a mi no me vuelves a tocar nunca más en tu vida con esas manos.
- ¿Que tú también me puedes dar alguna enfermedad rara?

- Muy gracioso. No llegues tarde porque vamos a salir a comer con tu papá al restaurante más rico de la ciudad.
- ¿Puedo invitar a Alex?
- ¡Hijo, estás con él desde que amanece hasta que anochece! ¿Qué no puedes estar un momento con tu padre y conmigo?
- Claro que sí. Pero, ¿lo puedo invitar?
- Ya sé que con nada te voy a sacar esa idea de la cabeza, así que invítalo. Pero que no se vayan a colar sus papás, eso ya sería el colmo de la frescura. Aunque de todos modos había pensado invitarlos uno de estos días.
- Claro, estaría bien. Chau mami (besito).
- Chau hijo. Procura no tocar esos bichos horribles, por favor. Y dile a Matilde que me traiga un café.
- Yo le digo.
- Una cosa más, y va para ti y Alex; si recibo yo una queja más de que andan molestando a Perlita, a ella la meto al baño cuando te estés bañando, a ver si así se te quitan las ganas de andar mortificando a la pobre muchacha.
- Está bien mami, perdón.

Miguel salió a buscar a Alex, olvidando pedir el café para su madre en su apuro por llegar a la casa de los Alvarado. Era una caminata de sólo diez minutos entre las dos haciendas, pero Miguel quería llegar temprano para ir a ver al viejo Romualdo. A él también le daban mucho asco las lagartijas, pero ese fue el pretexto que se le ocurrió esa mañana para salir a buscar a Alex. Marita, mientras esperaba el café que nunca llegaría, estiraba con metódicos y perfectos movimientos cada músculo de su cuerpo. Hasta eso lo hacía con elegancia, con estilo, con una clase única que aunque no se ubicaba en el tiempo o el lugar, habría de ser parte de ella hasta sus últimos días. Aún muerta, decidió que debía lucir espléndida, pues no quería recibir los lamentos de nadie. Tenía ensayada una expresión de satisfecha que es la que quería lucir en su ataúd. Le había pedido a su esposo que la memorice, pues dado el caso que no tuviera tiempo de esbozar dicha expresión antes de dar su último suspiro, él debía de acomodar los músculos de su cara para que todos se vieran como ella quería antes de que se pusiera tiesa. Si no lo lograba hacer, el cajón habría de permanecer cerrado y por ningún motivo dejaría que la vieran luciendo fea. Muerta era aceptable, pero muerta y fea era algo que no podía concebir.

- Aquí muchachos, vean, creo que he encontrado algo, pasen, siéntense, lean esto, vengan aquí que hay más luz, ¿lo distinguen bien?

> "El viento se llevará la semilla de la esperanza, y en la cima del monte sirena se encenderá, con el fragor de la hoguera que morir no quiere, al redimir la culpa del rencor del hombre, y abrirá los ojos para ver el sol".

- Se los digo muchachos, estamos cerca- les decía Romualdo con evidente excitación.

> "Los seres provisorios de la incandescencia unirán sus manos en un círculo de fe, y abrazarán la sombra, en cualquiera de sus formas, hasta traer a sus sueños al fruto de la desdicha, para tenerlo por un instante, que Dios lo guarde, y acaso lo liberen del poder de la oscuridad".

Romualdo terminó de leer el párrafo y guió su vidriosa mirada hacia los muchachos, esbozando una bella sonrisa. Ellos, perplejos y confundidos, se encontraban más felices por ver al viejo sonreír que por lo que acababan de escuchar.

- ¡Qué bonito poema!- dijo Miguel.
- No es un poema, muchacho.
- No seas idiota Micky. Es un escrito que seguro tiene un mensaje escondido; posiblemente cómo liberar a Josefa.
- ¡Exactamente! Eres brillante, muchacho.
- Perdón- dijo tímidamente Miguel, humillado hasta la médula.
- No importa muchacho- lo reconfortó el viejo–lo que necesitamos ahora es llegar al fondo de este asunto. Estos escritos aparentemente explican cómo traer a Josefa de regreso a nuestros sueños por un momento, momento que tendremos que aprovechar para disolver el hechizo que la tiene encerrada en su oscuro mundo y así tenerla entre nosotros para siempre...sí, ¡para siempre!

Romualdo tiritaba de emoción; parecía un adolescente listo para recoger a su primera cita. Hablaba con pasión, con esperanza, con una energía poco común en él. Debía ser la energía que da el amor.

Momentos más tarde alguien tocó a la puerta con mucha insistencia. Era una joven embarazada que había llegado ahí casi a rastras. Su esposo no estaba en casa y la criatura se había adelantado. ¡Jesús!- exclamo el viejo al verla. Tendió a la adolorida mujer sobre una mesa acolchada y repartió instrucciones a los muchachos para que trajeran agua del pozo y la pusieran a hervir. Mandó buscar a una de sus vecinas para que lo ayudara pero no estaba. Las caras de Alex y Miguel se compungían con cada espasmo doloroso que sufría la angustiada mujer. Tú, hierve esas tijeras, tú tráeme unos paños limpios de ese armario–Romualdo repartía órdenes mientras preparaba a la parturienta. Les pidió a los muchachos que estuvieran ahí, atentos en caso se presentase algún percance y procedió a lavar la vulva con agua tibia. Respire hondo, señora. Relájese y respire hondo. Cuando sienta una contracción, ayude pujando. Respire hondo y relaje sus músculos. Los muchachos permanecieron al lado de Romualdo, boquiabiertos, asqueados hasta cierto punto, admirando el dilatado sexo de la mujer, del cual escurrían líquidos y mucosidades que no encontraron nada agradables. Apretaban sus puños con cada contracción, como si con eso la pudiesen ayudar en algo a soportar su dolor. La mujer estaba en la posición indicada por Romualdo. Estaba muy nerviosa, sus afiladas uñas perforaban el tapiz de la mesa y su frente estaba empapada en sudor. El ambiente se sentía tenso y coagulado con impaciencia y excitación. Se dilata, se contrae, se dilata, se infunde valor, puja, gime, suda, aprieta los dientes, lanza un escarapelador alarido y pare su óvulo fecundado y maduro, envuelto en una placenta sanguinolenta. La cabeza, seguida del menudo cuerpecito, apareció por entre las piernas de la nueva madre, la que ahora lloraba de emoción al escuchar a su hija berrear. Romualdo limpió a la criatura y la colocó sobre el regazo de su madre luego de cortarle el ombligo. Los muchachos temblaban de nervios; había sido para ellos una experiencia algo chocante. Alex seguía admirando las formas del cuerpo femenino mientras Miguel balbuceaba algo incomprensible.

- ¿Cómo se va a llamar mi hija, don Romualdo?
- Ay hija, yo ya les dije que se me han acabado los nombres, de varón y de mujer.
- Pero no puede dejar a mi hija sin nombre, se lo suplico.
- Sólo me queda un nombre, que para mí es sagrado, pero tienes razón, tu hija no se puede quedar sin un nombre. Tu hija se va a llamar Josefa, ¿te gusta?
- Me gusta mucho, don Romualdo. ¡Gracias!

El viejo tomó a la frágil criatura entre sus brazos, y tomándose atribuciones de pastor le hizo la señal de la cruz sobre su frente. ¡Que Dios te bendiga! - le dijo tiernamente a la recién nacida.

- Exacto Alex, lo de la sombra ya lo tenemos identificado; debe de ser el ombú que tiene junto a su casa. Dios quiera que estemos en lo correcto.
- ¿Y qué debemos de hacer? Parece que necesitamos abrazarlo uniendo nuestras manos.
- Tú lo has dicho, Miguelito. Eso mismo debemos de hacer. Pero no sólo debemos unir nuestras manos, debemos de unir nuestras fuerzas, nuestra fe y nuestro convencimiento de que lo que hacemos va a funcionar. Tenemos que demostrarle a quien formuló este malvado hechizo que deseamos intensamente que Josefa regrese con nosotros.
- Pero no creo que ella vaya a aparecer así de fácil frente a nosotros, como por arte de magia, ¿o sí?
- No Alex- le contestó Romualdo, aprestándose a leer la primera línea del escrito–Josefa, quien es referida aquí como la semilla de la esperanza, tendrá que aparecer sobre el monte sirena.
- ¿Y dónde queda eso?
- Estoy convencido de que es el cerro con figura de mujer echada que hay junto a la playa. ¿No lo han visto? El perfil del cerro delinea una inmensa mujer con las piernas reclinadas, frondosos bustos y una larga cabellera que se remoja en el mar.
- ¿Ese es el cerro sirena?
- No estoy completamente seguro Miguelito, pero hace muchísimo tiempo, cuando yo era joven, escuché a un viejo llamarlo así: el monte sirena. Nunca más he vuelto a escuchar a alguien llamarlo por ese nombre. Ahora todos le dicen el cerro de la mujer.

Romualdo estaba en lo correcto, hacía mucho tiempo que se le había dejado de llamar monte sirena al gran cerro de la playa, pero no había olvidado la historia que le contó aquél viejo muchos años atrás. Ya fuese verdad o mitología local, era lo único con lo que contaba Romualdo. El viejo le contó que mucho tiempo atrás, la diosa de los mares, la gran sirena, se enfadó con la gente del lugar, pescadores en su mayoría, y prohibió a toda criatura marina que se acercase a las costas. La gente pasó mucha hambre y las redes de sus botes seguían saliendo vacías a pesar de que le imploraron a la gran sirena un poco de compasión. Una tarde, mientras la diosa dormía junto al mar, el pueblo todo se congregó silenciosamente muy cerca de ella y a una sola voz, cuchillos y machetes en mano, le cercenaron las brillantes aletas. Se las llevaron en partes y se las comieron, rabiosos por la maldad de su diosa. Ésta, muerta de dolor e incapaz de moverse, se fue secando hasta ponerse rígida como una piedra, cubriéndose con el tiempo con la tierra que trajo el viento y los excrementos de las aves guaneras. Los peces tardaron mucho en regresar y los pescadores tuvieron que emigrar a otras tierras, siendo el viejo que le contó la historia el nieto de uno de estos pescadores. Paulatinamente el área se pobló de agricultores a quienes no les interesó el mar y para quienes el monte sirena se convirtió en un enigma. Romualdo no sabía a ciencia cierta lo que estaba haciendo, pero la fe del viejo era impresionante. Sólo tendrían tiempo suficiente para buscar a Josefa en el monte y llevarla a su casa para romper con el hechizo. Si estaban equivocados, ya nunca la volverían a ver.

Llegó Zoila, con sus botas enlodadas y sus jeans ajustados. Estacionó su camioneta en la cochera de los Salinas y al bajar Matilde la recibió y le ofreció un café. Esperó casi diez minutos en la sala hasta que llegó Marita, con el cutis fresco, recién lavado, aunque aún con cara de tener mucho sueño.

- ¿Qué te trae tan temprano, Zoilita?
- ¿Tan temprano? ¡Mujer, son casi las once! Me parece que te estás privando de vivir muchas horas al día.
- Tonterías, es sólo que me acosté tarde; estuvimos celebrando Miguel y yo.
- ¿Celebrando qué?
- Hoy te lo iba a contar. Estoy embarazada.
- ¡Felicitaciones! Eso sí que es para celebrar.
- Estoy muy emocionada. Después de tanto intentar, por fin parece que voy a poder tener otro hijo. Claro que una hija sería lo ideal. Al pobre Miguelito lo he dejado sin hermano por muchos años. Sus hermanos le llevan mucha diferencia de edad y ahora que están estudiando fuera del país, casi no los ve. Creo que de no ser por tu hijo, el pobre viviría más solo que una planta.
- Lo mismo podría decir por Alex. Pues entonces habrá una doble celebración. Te venía a invitar para que fuesen mañana a la casa; es el cumpleaños de mi esposo y vamos a hacer una parrillada. Nos encantaría que nos acompañasen.

- Ahí estaremos, mujer. Gracias por la invitación. Voy a decirle a Matilde que prepare algún postre para llevar mañana.
- Nos vemos entonces. Nuevamente felicitaciones por la noticia.
- ¿No te animas a encargar una compañerita para mi futura hija?
- ¡Estás loca! Con Alex cerré la fábrica. A propósito, ¿sabes si está con tu hijo?
- La verdad que no sé. Pero no me extrañaría que estuviesen haciendo de las suyas.
- Mientras no estén metidos en la cantina esa del viejo, no importa si me quieren inventar historias de presidentes ilustres.
- Y mientras no estén agarrando animales mugrosos. El otro día me dijo que iba a cazar lagartijas. ¿Dime si no son unos asquerosos?
- Ay Marita, yo hacía lo mismo en la hacienda de mi padre cuando era chica.
- ¡Qué asco!

La mañana del día siguiente fue tibia y despejada. Un reguero de campesinos con lampas bien afiladas sobre sus hombros caminaban hacia los campos de cultivo para regar, cultivar, desyerbar o cosechar lo que les fuera ordenado. Algunos iban contentos; era gente que amaba la tierra, gente que le hablaba a las semillas y le cantaba a las plantas para que crecieran sanas, gente que gozaba sintiendo la negra tierra bajo sus pies, la olían, la probaban, se agachaban a escuchar sus latidos y la querían tanto como a sí mismos. De aquella gente ya no quedaba mucha, ya casi todos estaban muy viejos, cansados y listos para morir y ser enterrados en su amada tierra. Los nuevos campesinos realizaban ese trabajo sólo porque no había ningún otro en ese territorio.

Los muchachos fueron a buscar a Romualdo muy temprano. El viejo los estaba esperando y les fue evidente que no había dormido en toda la noche. Estaba sentado en el mismo lugar y en la misma postura que lo dejaron el día anterior. Se había quedado estudiando el libro de Josefa, adivinando lo que decía donde las palabras habían sido devoradas por las polillas cultas.

- Tenemos que hacerlo ahora, muchachos. Esta noche habrá luna llena, y es entonces cuando debemos de deshacer el hechizo.
- ¿Esta noche?
- Sí Alex. ¿Hay algún problema?
- Bueno, don Romualdo, es que nuestros padres se van a reunir en mi casa dentro de unas horas y tenemos que estar presentes. Es el cumpleaños de mi papá.
- Ya veo. ¿Pero no se dan cuenta? Hoy es el día, lo sé, ¡lo puedo sentir! He estado pensando que no tenemos por qué traer a Josefa hasta aquí para romper el hechizo; es más, eso nos quitaría mucho tiempo. Bajarla del monte sirena solamente nos va a tomar un gran esfuerzo, pues es muy empinado y los granos de piedra que lo cubren pueden ser muy resbalosos.
- ¿Y cómo vamos a saber que la hemos traído de regreso y que está sobre el monte? Necesitamos saber si ella está ahí antes de proceder a romper el hechizo, ¿no?
- Ay carajo, no había pensado en eso. Tendrá que ir uno de ustedes, el más ágil, y se acercará al monte para verificar si Josefa está en su cima o no.
- Ese cerro es muy alto, ni de sus faldas alcanzaremos a distinguir quién está en su cima.
- Lo se Miguelito, es un riesgo que tenemos que correr. Si se divisa una silueta humana en la cumbre, tendremos que asumir que es ella y romper el hechizo.
- ¿Y si no es ella?

- No pasa nada Alex. Sólo que esto se puede hacer una sola vez, y si no es ella, entonces la oscuridad se la tragará para siempre.
- No creo que haya mucha gente que suba al monte.
- Yo tampoco lo creo, Miguelito; no hay nada allá arriba. Entonces, ¿me ayudan?

Los muchachos asintieron con la cabeza, no muy seguros y con el peso del remordimiento de no presentarse en la parrillada de los Alvarado. Sabían que iban a preocupar a sus padres, pero no tenían otra alternativa. A la vez se sentían muy confundidos; soñaban pero sabían que esos sueños de fantasía se mezclaban con la realidad de una manera misteriosa e impredecible, muy difícil de entender. ¿O acaso ya no soñaban? Ya no lo sabían; el viejo Romualdo actuaba como si estuvieran en el sueño, pero de pronto ya no lo sabían. Confiaban en el viejo y lo iban a ayudar, pero todo les pareció de pronto demasiado irreal. Romualdo entró en su habitación; pensaron que se iba a cambiar pero salió con la misma ropa que tenía puesta desde el día en que se cagó en sus otros pantalones. Pensaron que se iba a rasurar, pero salió con las mismas púas blancas en el mentón y en el bigote. Pensaron que se iba a peinar el cabello o lavar la cara, pero salió con el mismo remolino en la cabeza, con los pelos aplastados del lado en que se recostaba sobre su silla. Salió con las mismas legañas cristalizadas en el contorno de sus ojos. Tenía los labios resecos y algo de caspa sobre los hombros. Llevaba el viejo libro de Josefa bajo el brazo y algunos apuntes escritos por él entre sus hojas. Les pidió a los muchachos que tomaran unas hachas, que quizá las iban a necesitar. Romualdo cambió sus zapatillas de suela delgada por unos botines más recios, que parecían de militar. Le costaba esfuerzo agacharse para atar los pasadores, y al terminar de hacerlo irguió su espalda provocando que los huesos le tronaran. Secó con un pañuelo el sudor de su frente y peinó con un dedo ensalivado sus cejas, desordenadas y espesas. Se sentía listo para ir; esa noche había luna llena y sabía que era la ocasión idónea para recobrar a su amada Josefa.

"Amor, ayúdame a hacer bien las cosas" decía el viejo para sí mientras se persignaba ante un crucifijo de madera que él mismo hizo hacía muchos años, cuando creía más en esas cosas. Miró de reojo una botella casi entera de licor de caña, titubeó, sacudió la cabeza y se dirigió hacia la puerta. ¡Apúrense muchachos!

Una vez en camino hacia la casa de Josefa, divisaron a lo lejos una polvareda que viajaba desde la hacienda de los Salinas hasta la de los Alvarado. Seguro que eran los padres de Miguel, disgustados por no haberlo encontrado en casa a la hora que habían acordado. Los muchachos se miraron; sabían que iban a tener que dar una buena explicación a sus padres por su tardanza.

- Mi viejo me va a sacar la mierda si no aparezco por ahí pronto- dijo Alex en voz baja para que sólo Miguel lo escuchase.
- A ti nunca te castigan.
- ¿Que no? A mi vieja la puedo cojudear, pero mi viejo se cree medio sargento. A ti es que te tienen muy engreído.
- A veces. Mi mamá piensa que soy un chico modelo. Si oyeses cómo habla de mí cuando me presenta a alguien; es vergonzoso.
- Sí, la he escuchado- le contestó Alex entre risas.
- Muchachos, dejen de cuchichear como colegialas adolescentes y apúrense- les dijo Romualdo, quien ya se les había adelantado un cierto trecho.

A lo lejos se pudo ver nuevamente una gran polvareda; los muchachos se dieron cuenta que eran sus padres, quienes conducían sus camionetas a toda velocidad procedentes de la casa de los Alvarado. Venían en estampida seguidos por una gran estela de polvo muy fino y se dirigían directo hacia donde se encontraban ellos. Romualdo y los muchachos se guarecieron en un profundo canal de regadío que traía poca agua y se encontraba cubierto por alta vegetación. En menos de un minuto sintieron pasar las dos camionetas por el camino y los muchachos pensaron otra vez en el gran lío en que se habían metido. Esta vez habían ido muy lejos; era el cumpleaños del padre de Alex y ellos no se habían aparecido a la reunión. Sabían que los iban a castigar, pero también sabían que el fin justificaba los medios y no iban a detenerse hasta terminar lo que habían empezado. Si sus padres los encontraban en ese momento, con Romualdo, los iban a llevar de regreso a sus casas sin escuchar explicaciones y frustrarían el plan de rescate.

Romualdo, aún algo aturdido por sus pensamientos, salió con dificultad del canal con la ayuda de los muchachos. Sus zapatos estaban cubiertos de lodo. El viejo los miró con pena, hizo un gesto de disgusto y siguió caminando con paso decidido y con la mirada fija en el ombú que cada vez se veía más grande. "Si no fuera por el pescado, este lugar olería a delicias; a hierba, a flores llenas de néctar y a tierra labrada, a campo", decía Romualdo sin desviar su mirada. Se lo decía al viento, se lo decía a quien quisiese escucharlo. Cada vez que lo decía se llenaba de ansias y de la energía que un día le sobró y que no supo guardar. Fue esa energía la que entregó por completo al licor y a la mala noche; energía que hoy regresaba a él, al viejo pero renovado Romualdo, ahora que sentía ese agujero en el alma y esa opresión en el pecho que se confundía con su cansancio y la taquicardia de su maltrecho corazón. "Vamos muchachos, yo a su edad era pura energía", les repetía con mucho entusiasmo. Quebró una rama de sauce con sus manos y la empuñó cual espada, levantándola y apuntando hacia delante, cual caballero medioeval listo para una pelea. "Ahí voy", se decía el viejo, vigoroso y muy emocionado, avanzando lentamente hacia la propiedad de Josefa, guiado por el gran árbol que lo llamaba con el movimiento de sus ramas al viento. Cada cierto trecho se detenía para recobrar el aliento y mirar a lo lejos el perfil perfecto del monte sirena, con sus grandes bustos y su delgada cintura, sus altísimas rodillas flexionadas, en cuya cima habría de aparecer Josefa, y sus cabellos largos, los que habían sido erosionados por el bravo oleaje del mar. Los pescadores sacan ahora mariscos que se esconden bajo las uñas de sus dedos y se encaraman en sus cabellos hechos piedra.

- ¿Por qué hemos venido por aquí?
- Porque es un camino más corto, Miguelito.
- Quien sabe sea más corto pero está cubierto de lodo y de plantas que se quedan pegadas en mi ropa.
- Se llaman cadillos, Micky. ¡Yo los tengo hasta en los calcetines!
- Ya lo se muchachos, pero les aseguro que no los va a matar. Cuando regresen a sus casas se van a entretener jalándolos uno por uno. Además, ya falta poco- les contestó Romualdo, entristeciéndose un poco; no le hacía bien pronunciar el nombre de Josefa, lo hacía pensar mucho y ahora no quería pensar ni recordar, sólo quería caminar y dar por terminada con aquella situación, la que le había quitado el sueño y la ecuanimidad de sus actos. Estaba preocupado y a la vez se sentía morir de amor, no distinguía ya entre lo que le hacía feliz y lo que le disgustaba, no sabía en qué momento iba a perder la razón por completo.
- Hubiésemos venido a caballo.
- Mis huesos están muy viejos para subirse a un caballo.
- Camina y no jodas más, Micky.
- Apúrense que en cualquier momento regresan sus padres. Ya casi llegamos.
- ¿Lo ayudamos a cruzar esta acequia?
- Gracias Alex, creo que voy a necesitar de esa ayuda. Ya no soy un jovencito, sabes.

No hacía falta que lo dijese; Romualdo era el propietario de todos y cada uno de sus años, y la huella de esos años no pasaba desapercibida tanto en su cuerpo como en su alma solitaria. Aunque era muy bueno con toda la gente y se divertía con sus compañeros de parranda los fines de semana, no le conocían un buen amigo. A decir verdad, tampoco le conocían un mal amigo. Romualdo no tenía amigos, y cuando le preguntaban al respecto, él respondía que vivía rodeado de amigos, de muy buenos amigos que lo sabían escuchar en silencio, que lo aconsejaban y lo acompañaban a toda hora. Decía que sus libros eran sus amigos. "Pero los libros no te pueden amar", le decían sus compañeros de botella, ¿"de qué mierda estás hablando"?, le preguntaban entre trago y trago. Romualdo les contestaba que sus libros eran sus únicos amigos y que con ellos se quedaba; los quería mucho, hasta creía que los amaba, y eso lo asustaba, pues no quería amarlos, amar dolía mucho. "Se sufre mucho cuando se ama; ojalá nunca más tenga que amar", les decía el viejo con una voz que parecía derretírsele en la boca.

Una vez que lograron cruzar la acequia fueron a dar al camino estrecho que desembocaba en el inmenso ombú. Sabían que iban a encontrar la casa de Josefa en ruinas y al llegar a ella no pudieron contener las lágrimas al ver los muebles hechos pedazos, los vidrios rotos, papeles quemados y el cadáver del gato gris. Romualdo giró sobre sus talones y salió muy aturdido. Los muchachos lo siguieron hasta quedar los tres junto al tallo del ombú. Una vez ahí, miraron instintivamente hacia arriba, recorriendo con sus miradas las medidas descomunales del árbol de figura corpulenta pero de interiores blandos y acuosos que sólo servían para dar sombra pues no eran buenos ni para leña ni para construir corrales para animales. Quizá esa era la razón por la cual todavía permanecía de pie, pues de otra forma ya hubiese sido convertido en tablones y leña para cocinar hace mucho tiempo.

- ¡Muchachos!- dijo el viejo con la voz ahogada. ¿No se dan cuenta? Sabía que esto podía ocurrir, pero no pensé que el problema pudiese ser de esta naturaleza.
- ¿Qué pasa don Romualdo? No nos asuste- le dijo Miguel.
- ¿Pero es que no ven?- gritaba el viejo, saltando de ira sin poder separarse del suelo. ¿Cómo vamos a traer de regreso a Josefa si para darle la vuelta a este pendejo árbol se necesitan seiscientos hombres? Tomen mis

manos, vamos, abracen el tallo y estiren sus huesos si pueden. ¿Pueden tocar sus manos?

- No- le contestaron los muchachos. Ni siquiera llegamos a vernos.
- Pues entonces, ¿qué esperan?- les dijo Romualdo enérgicamente soltándoles las manos y señalándoles las herramientas que habían llevado consigo—¡Tomen las hachas y adelgacen este árbol lo más rápido que puedan!

Los muchachos se miraron algo desconcertados, tomaron las filosas hachas y empezaron a desprender del árbol pedazos de su blando contenido. Unos minutos después sudaban mucho, se estaban cansando y no habían logrado avanzar lo suficiente. Romualdo los ayudaba recogiendo los trozos de tallo que salpicaban las hachas. Torpemente los iba amontonando a un lado para que no estorbasen a los muchachos, sin darse cuenta que él era quien estorbaba. Debían tallar la corteza del ombú hasta crear suficiente espacio para que entre los tres lograsen abrazarlo formando un círculo tomados de las manos. Siguieron tallando y amontonando la corteza del árbol por casi una hora, hasta que Romualdo les indicó que se detuvieran.

- Ya está bien, muchachos. Yo creo que ya es suficiente.
- Ya casi no puedo mover los brazos- se quejó Miguel tirando el hacha a un lado.
- Me lo imagino Miguelito. Haz hecho algo de lo que nunca te vas a arrepentir, funcione esto o no. Vengan, descansen un momento.

El viejo sacó de un bolsillo un pañuelo limpio y se los dio para que secasen el sudor de sus frentes. ¿Saben?, yo estoy tan preocupado como ustedes- anunció Romualdo tratando de sonar muy relajado y muy sabio. Hablaba con ese tonito hipnotizante que hacía pensar a quien le oyese que no había ser en este mundo más erudito y brillante que él, que era el dueño del conocimiento y que cuando respiraba, partículas de su saber se mezclaban con sus exhalaciones e iban a dar a las mentes de los que tuvieran la suerte de respirar su aliento caliente e intoxicado de alcohol. Algunos decían que cada vez que estornudaba expelía una gran idea que acababa por convertir a algún imbécil en científico, a un soldado en general o a algún político en presidente. Otros decían que las ideas de Romualdo flotaban en órbitas sobre su persona, todas siguiendo patrones rigurosos de comportamiento. Todo aquel que conocía a Romualdo sabía mucho de sus conocimientos, pero nadie supo nunca nada sobre sus sentimientos. Para él, los sentimientos eran intransferibles; contagiosos en algunas circunstancias, pero nunca transferibles. Lo que tienen aquí- les decía el viejo a los muchachos poniendo una mano sobre sus cabezas—cambia conforme uno vive, se enriquece, se pudre, te ayuda, se vuelve contra ti, te da la mano, te empuja al abismo, cambia cada día, cada minuto, con cada cosa que ven, con cada cosa que escuchan, con cada persona que conocen. En cambio, lo que tienen aquí- continuó Romualdo deslizando sus manos hasta ponerlas sobre el pecho de Alex y Miguel, del lado izquierdo, sobre sus corazones—eso no cambia. Como nacen, así mismo mueren. Los sentimientos pueden confundirse, tratan de engañarnos aveces, buscan su identidad, se amoldan a las circunstancias, pero no cambian en esencia. No dejen que su cerebro los confunda con ideas locas, acuérdense que nunca deja de trabajar, ni en sus sueños. La mente puede hasta llegar a conclusiones por su propia cuenta que los van a perturbar mucho. No le hagan caso, ahora ya saben en quién confiar- les repetía el viejo mientras les palmoteaba el pecho. Necesito de ustedes; tenemos que traer a Josefa de regreso y necesito de todas sus energías. No quiero que me ayuden tanto con la mente, sino con el corazón. Necesito que piensen con el corazón y que invoquen a Dios y a todos los santos para que le sea permitido regresar con nosotros. ¿Entienden lo que les digo? Sí, le contestaron los muchachos, quienes no terminaban de asimilar lo que habían escuchado; lo saborearon, bocado a bocado, hasta sentir que las palabras de Romualdo les habían nutrido el alma.

Las camionetas seguían levantando polvo mientras recorrían los caminos del área; habían estado en la laguna, en la cantina del viejo Romualdo, en la casa abandonada de Josefa y en todos los lugares donde se les ocurrió que podían estar pero no pudieron encontrar a los muchachos.

- ¡Intentémoslo otra vez muchachos! Entremos en la hendidura del árbol y hagamos lo posible por alcanzar nuestras manos.
- ¿Cómo pensó en todo esto don Romualdo?- le preguntó Miguel–A mí no se me hubiese ocurrido traer las hachas.
- Por algo soy más viejo que tú, muchacho. Escuchen, la mente es una fábrica de ideas. Una vez fabricadas, las ideas quedan envueltas en burbujas de jabón que flotan dentro de nuestras cabezas. No me miren con esas caras, ¡es verdad! Si tienen una buena idea, tómenla antes de que se meta en una burbuja o probablemente la perderán. Si llegamos a encontrar una burbuja orbitando nuestro cerebro y la alcanzamos, la burbuja se romperá y se precipitará a gran velocidad hasta caer a nuestros pies. Mientras mejor sea la idea, más pesada es y con mayor velocidad cae. Si tienen suerte la podrán detener durante su caída, si tienen mucha suerte la podrán recoger del suelo en buen estado, pero lo más probable sea que la pierdan.
- ¿Y si no reventamos la burbuja?- le preguntó Alex, demostrando haber entendido la explicación del viejo.
- Pues entonces se la llevará los ventarrones de la preocupación y el desespero por recordarlas hasta desaparecer entre los vericuetos del cerebro, ya sea para no salir jamás de ellos o para salir nuevamente mucho más tarde, cuando ya no la necesitas. Recuerden que el

cerebro es un laberinto que casi no conocemos. Si no tenemos cuidado, nos podemos perder en él.

- ¿De verdad?
- Sí Miguelito. Un buen amigo mío, Roberto, me dijo hace muchos años que se internaría en esos laberintos para buscar el poder, la sabiduría y la verdad. Aparentemente encontró el camino de ida pero no el de regreso.
- ¿A qué se refiere?
- Ustedes deben de conocer a Roberto. Es el viejo que se la pasa sentado sobre un tronco a la orilla del camino todo el santo día. Su familia lo sienta por las mañanas y lo llevan de regreso a su casa por las noches, seco y resquebrajado por el sol.
- ¿Ese viejo es Roberto? Pobre hombre, y yo que siempre me río de él cuando pasamos en la camioneta a su lado y lo dejamos envuelto en una nube de polvo. Creo que ni se da cuenta de lo que pasa a su alrededor.
- Pues ese pobre hombre es mi amigo Roberto. Al día siguiente que me dijo lo que quería hacer lo encontraron desnudo y en el trance en que ha permanecido hasta ahora, con todos sus sentidos atrofiados y la mirada perdida. Desde ese día decidí que es mejor no tener amigos. Aún lo extraño, lo veo y se me parte el alma en pedazos y me siento muy impotente al no poder ayudarlo. Él llegó a conocer a Josefa en un par de ocasiones, cuando por terco no quiso abandonar mis sueños y los compartió con ella. Pero ya tendremos más tiempo para hablar de todo esto después; estamos perdiendo el tiempo. Sujétense de mis manos, así, muy bien. Ahora estiren sus brazos y tómense de las manos. ¿Lo pueden hacer? ¡Tienen que poder!

Al instante Romualdo sintió un tirón en sus manos, de ambos lados, y escuchó a los muchachos decir que el círculo había sido formado. El viejo, con el mentón sin afeitar apoyado sobre la corteza húmeda, cerró sus ojos agradeciendo a Dios y buscando algo de concentración. El olor de las fibras desgarradas era intenso y hasta cierto punto asfixiante; tenían las narices presionadas contra el árbol herido. Romualdo apretó sus manos y sintió que trasmitía hacia los muchachos un torrente de inequívoca fe y energía positiva. El viejo les repitió que deseasen con sus corazones y que unieran esos deseos al suyo para traer a Josefa de regreso. Fue un momento breve pero muy intenso en el que el poder de sus corazones se unió con un mismo propósito, en completo silencio y con sus cuerpos amoldados al gran ombú, hasta que un rayo de energía los hizo temblar y caer al suelo como muñecos de trapo, desprovistos de fuerza y de entendimiento.

En ese preciso momento llegaron a toda prisa las camionetas; la de los Alvarado siempre tragando el polvo de la de los Salinas. Estaban dando una segunda ronda por los lugares donde había mayor probabilidad de encontrar a sus hijos. Los encontraron recostados bajo la sombra del árbol, con el viejo de la cantina junto a ellos, quien aún conservaba una expresión de estupor que preocupaba. Marita corrió a abrazar a su hijo, llorosa y con el maquillaje estropeado, temerosa de caer con cada paso que daba, desorientada, fuera de su medio. Zoila en cambio bajó de su pick-up y con paso firme se acercó a Alex y de las orejas lo llevó hacia su padre. Romualdo se incorporó y con algo de dificultad se puso de pie y atrajo la atención de todos. La naturaleza fue su cómplice, pues por un momento no se escuchó más ruido que el de sus respiraciones. Los pájaros se callaron, la brisa se detuvo, los picaflores dejaron de batir sus alas y hasta el lejano rugir de las olas se enmudeció, de repente, sin advertencia. El tiempo se congeló, y con él los olores a tierra y a mar, el vuelo alto de los gallinazos negros que empezaron a desplomarse, el aire, el agua de los canales, la vida misma.

- Les pido me disculpen, señores míos- dijo respetuosamente Romualdo.

- ¿Qué hacía usted aquí con mi hijo y con Alex?- preguntó el señor Miguel con muy mal humor.
- Es una larga historia, y fatalmente no tengo tiempo para explicársela ahora.
- ¡Al diablo con sus historias! O me contesta ahora mismo o lo hago meter preso.
- Mi muy distinguido señor, se lo voy a explicar, claro que sí, es sólo que no puedo hacerlo ahora. ¿No es cierto muchachos?
- ¡Cállese!- le gritó el señor Miguel, dando un paso al frente. Deje a los muchachos fuera de esto, no los involucre en sus alucinaciones de borracho. Le digo que se está metiendo en un gran lío si no me da una buena explicación ahora mismo.
- Pero papi...
- Tú no te metas en esto, so pedazo de mocoso; métete a la camioneta.
- ...no, papi.
- ¿Qué has dicho, insolente?
- Que me quedo aquí. Tenemos que hacer algo importante y no lo vamos a dejar de hacer por ti.
- ¿De veras?- replicó el señor Miguel sarcásticamente. ¿Y se puede saber de qué se trata eso tan importante antes de que te reviente la cara de una bofetada?
- Es Josefa papi. ¿La recuerdas? Estamos tratando de romper el hechizo que la tiene atrapada en un lugar muy oscuro.
- Claro, y tú quieres que yo te crea ese disparate, ¿no? ¡Pero tú te has vuelto loco, muchacho!
- Es verdad lo que dice su hijo- intervino Romualdo.
- A usted no lo debería de meter en la cárcel, lo debería de meter en un manicomio.
- No, tío; es verdad lo que dice Micky. Por favor déjenos hacer esto, no nos va a tomar mucho tiempo.
- Pienso que esto es totalmente absurdo. Dos mocosos y un borracho jugando a los aparecidos.

- Miguel- intervino por primera vez el señor Alvarado. Seamos justos y démosles una oportunidad para que acaben con esto. A mí también me suena disparatado pero obviamente ellos lo están tomando muy en serio.
- ¡Así se habla papi! Gracias- le dijo Alex a su padre.

Don Miguel titubeó por un momento pero finalmente accedió ante la persistencia de los muchachos y de Romualdo. Eso era para él lo más triste; ver a ese viejo con reputación de sabio, de demente y de alcohólico en ese estado de desesperación por algo que no comprendía. Sintió compasión por él y dando una muda venia con la cabeza se retiró a su camioneta, a esperar a Marita con impaciencia.

- Te dije muchas veces, Moravia, que algún día romperían tu hechizo. ¡Eres una bruja de pacotilla!
- Todavía no lo han disuelto.
- Lo van a hacer, sólo espera.
- La culpa es de ese viejo, que se ha venido a meter en este asunto otra vez. Creí haberme deshecho de él hace muchos años.
- Parece que la quiere de verdad.
- ¡Tonterías! Nadie puede querer a la hija de quien me deshizo la vida y me calcinó hasta convertirme en cenizas.
- Pero la quiere; y mucho. ¿Por qué no los dejas vivir en paz de una vez por todas?
- ¡Nunca! Sólo lo podrán hacer si terminan con lo que han empezado, y sólo si lo hacen bien y a tiempo.
- Eres muy mala, Moravia.
- ¿Y por qué crees que estoy aquí, quemándome entre estas llamas de aburrimiento y desolación? A cada uno le toca lo suyo. A ti te trajeron por prostituta sin escrúpulos. A mí me trajeron por bruja malvada.
- No tienes por qué humillarme.
- No, para nada. ¿O es que acaso no te gustaba lo que hacías?
- Pues...a veces.
- ¡Pues claro mujer, a quién no le va a gustar tener a diez hombres diferentes brincando sobre una cada noche! Por lo menos tú disfrutaste tu pecado mientras viva. Yo

en cambio sabía que la brujería no era nada buena, pero me gustaba; se apoderaba de mí y me hacía sentir poderosa. Si no fuera por el canalla del presidente, todavía podría hacer de las mías.

- Estás loca, eso pasó hace mucho tiempo.
- Bueno, tienes razón, ya estaría bien muerta y agusanada para ahora. Pero me quitó la vida en mi plenitud y eso nunca se lo voy a perdonar, ni a él ni a su hija.
- Por lo menos te libraste de los gusanos gracias a la quemadita que te dieron.
- ¡Qué graciosa! Seguro que tú hasta con los gusanos hiciste el amor después de muerta, sucia ramera.
- No tienes por qué humillarme.
- No, para nada.
- Entonces cállate.
- Bastante tengo con estar encerrada en el mismo infierno junto contigo, para que encima me callen la boca.
- Tengo miedo, Moravia.
- ¿Miedo de qué?
- De nunca morir. ¿Hasta cuándo vamos a estar aquí? Estoy cansada de todo esto.
- Pues no te canses, porque aquí nos toca vivir por el resto de...
- ¿El resto de qué?
- El resto; sólo el resto, amiga. No hay más qué saber.
- Eso me asusta mucho. Te abrazaría muy fuerte si tuviese brazos.
- Yo también amiga, pero ni siquiera te puedo ver.

- ¡En marcha muchachos!- dijo Romualdo, secándose la frente con un pañuelo.
- ¿Me voy a ver si está?- preguntó Miguel.
- Así es, ve rápido.
- ¿Adónde vas a ir?- preguntó Zoila algo consternada.
- Pensé que nos iban a dejar hacer lo nuestro.
- Sí, claro señor- contestó Zoila avergonzada por su intromisión–Es sólo que quizá los pueda ayudar en algo. Yo quiero tanto como ustedes que esto acabe, me está volviendo loca.   ¿Hay algo que pueda hacer para ayudarlos?
- A decir verdad, sí. Lleve al joven Miguel adonde le indique lo más rápido que pueda. Es preciso que llegue lo antes posible.
- Está bien, yo lo llevo. Cariño, anda con Miguel y Marita, yo me quedo con la camioneta para ayudarlos.
- ¿Estás segura?- le preguntó la madre de Miguel, algo preocupada.
- Sí Marita, no te preocupes.
- Bueno, te encargo a mi hijo. No hagan ninguna locura.
- Por supuesto que no. Vayan tranquilos que yo les doy el alcance en un momento.

En aquel momento, una lechuza lanzó su tétrico chillido; quizá premonitorio y algo espeluznante. Parvadas de pájaros volaron muy deprisa de regreso a los eucaliptos, a los sauces torcidos, a los cañaverales, a los altos juncos de la laguna, abatiendo sus alas con desesperación, muy confundidos. Ésta no era hora de regresar a sus nidos, sin embargo, el instinto los obligaba a guarecerse. Una densa nube tapó el sol y de pronto oscureció casi por completo. El astro rey seguía lanzando sus llamaradas eufóricas y tentaculares, pero a la tierra sólo llegaba un débil resplandor que hasta hizo pensar a las aves que ya era de noche.

En menos de quince minutos estuvo de regreso la pick-up de los Alvarado, con Zoila al volante y Miguel a su lado. Zoila estaba muy nerviosa y había perdido lo rosado de sus mejillas. Miguel bajó de la camioneta y corrió hacia donde Romualdo y Alex lo esperaban. ¡La he visto!, dijo con la voz muy agitada.

- ¡Señor Romualdo!- llamó Zoila en voz alta mientras se acercaba al viejo.
- Señora Alvarado, le agradezco su ayuda, pero ahora le ruego que nos deje solos.
- Pero, usted tiene que explicarme, es que no entiendo lo que ocurre.
- Por favor, le imploro que nos deje solos. Le explicaré todo en cuanto pueda, ahora por favor retírese- le dijo Romualdo, haciéndola sentir algo incómoda.
- Está bien, los dejo. Pero avísenme en cuanto terminen con eso que tienen que hacer, necesito saber lo que está pasando.
- Lo haremos señora, lo haremos.
- Los espero en casa- dijo Zoila a los muchachos mientras subía a su camioneta para luego desaparecer entre el polvo del camino.

- El resto está en nuestras manos. Quizá estemos haciendo el mayor ridículo de nuestras vidas, y me disculpo si es así. Siento que yo los he metido en todo esto.

- No, don Romualdo, no diga eso. Estamos aquí porque lo queremos ayudar y porque deseamos a Josefa entre nosotros.
- Es verdad don Romualdo; es verdad lo que dice Alex.
- Me dejan más tranquilo con lo que me dicen. Pero de todos modos, perdónenme si estoy equivocado. Si esto no funciona, prométanme que lo olvidarán todo y que me tacharán de orate por siempre.
- Lo primero le podemos prometer- contestó Alex–pero siempre creeremos en usted y nunca pensaremos que está loco.
- Así es- enfatizó Miguel–usted no está loco. Ni loco ni orate.
- Es lo mismo, Micky.
- ¡Oh!
- Bueno muchachos, estamos perdiendo mucho tiempo. Necesito de sus fuerzas una vez más. Necesito que concentren sus deseos y emociones y piensen en el objetivo de todo esto. Cojan sus hachas y derriben esa sombra del diablo antes de que me mate a mi también. Ya hemos avanzado bastante, ¡saquémosle las entrañas y hagámoslo caer al suelo para que se pudra en sus jugos y nos deje de joder la vida!

Los muchachos tomaron las filosas herramientas y las admiraron con mucha concentración. Las levantaron ligeramente, a modo de ofrenda, listos para quitarle la vida a su víctima y satisfacer el hambre de los dioses, o una bruja desquiciada en este caso, y se lanzaron contra el corazón del árbol. Era una carrera contra el tiempo. Alex y Miguel, con un esfuerzo casi glorioso, adelgazaban el tallo de su enemigo mientras Romualdo oraba en voz baja, casi murmurando, mientras amontonaba los trozos de corteza a un lado y caminando desordenadamente sobre las hojas secas y esquivando algunos palmos de tierra que le traían muchos recuerdos. Se detenía abruptamente, giraba sobre sus talones, cambiaba de rumbo, y unos pasos más adelante repetía la operación sin una secuencia identificable y mucho menos una razón que justificase su comportamiento ante los ojos de cualquiera que no fuese él. Pero los muchachos no se percataron de lo que hacía el viejo; sólo cuidaban de no decapitarlo cuando se acercaba a llevarse los fragmentos de corteza que salían disparados en diferentes direcciones. No iban a descansar hasta tumbar esa montaña vegetal y verla morir bajo los rayos del sol. Y no descansaron hasta que escucharon el crujir de la corteza, hasta que el viejo Romualdo los llamó a gritos para que se hiciesen a un lado, hasta que un fuerte ventarrón amenazó con derribar la débil estructura del árbol. Romualdo vio hacia donde se inclinaba el ombú y corrió con un muchacho en cada mano hacia el lado opuesto. Una vez más se sintió al viento soplar fuertemente y por fin la corteza cedió y el árbol se desplomó con un gran estruendo sobre la casita en ruinas de Josefa.

- ¡Oh mi Dios!- exclamó Romualdo.
- ¡Qué hemos hecho!- balbuceó Alex.
- ¡No me asusten! Dijo Miguel. ¿Va a pasar algo malo? ¿Qué vamos a hacer ahora?
- Cálmate muchacho, no lo sé. No pensé que algo así pudiese suceder. Los vientos nos han jugado sucio. Mira cómo quedó la casa de Josefa.
- Está hecha pedazos- agregó Miguel con su cara de espanto aún intacta.
- ¿Qué vamos a hacer don Romualdo?
- Irla a buscar, Alex. Tenemos que irla a buscar, pero vayan preparándose para un desencanto. Estas emociones tan fuertes no me hacen nada bien.

Golondrinas revolotearon sobre ellos en su camino hacia el monte Sirena. Era la primera señal de vida que veían después de que la súbita oscuridad se llevó hasta el zumbido de las abejas y engañó a las flores, las que cerraron sus pétalos, listas para dormir antes de tiempo. Romualdo las observó por un momento, volando rápidamente, haciendo sus piruetas, ágiles y entusiastas, cambiando su dirección a cada momento, derrochando energía y contagiando sus ganas de vivir. Él sabía que las golondrinas eran las primeras en anunciar algún cambio atmosférico; habían sido ellas las primeras en refugiarse cuando el sol desapareció unos momentos antes, y ahora eran las primeras en estar de regreso en el aire. Romualdo sonrió y siguió su camino. En el cielo se podía ver una lucha entre el sol y las nubes oscuras, pero luego de escasos minutos el sol apareció radiante y esplendoroso, tal como lo predijeron las golondrinas. Romualdo volvió a sonreír. Los muchachos lo miraron de reojo, felices de verlo sonreír; sabían que si el viejo estaba sonriendo era porque algo bueno presentía.

- ¡Micky!. ¿Hueles lo mismo que yo?
- Sí, Alex. Huele a ruda y a canela. ¡Huele a Josefa!- dijo Miguel muy emocionado y con el corazón repicando de alegría.

Los tres aceleraron el paso, pero Romualdo se olvidó que ya era un anciano y cayó de bruces al suelo, quedando cubierto de polvo. Los muchachos, que llevaban la delantera, regresaron para auxiliarlo. Lo ayudaron a ponerse de pie, le sacudieron la ropa y lo animaron a que siguiese caminando. Romualdo sacó su pañuelo y se limpió la cara con él. Con algo de torpeza se ensalivó las cejas y se peinó el cabello con sus manos toscas y sucias. Luego continuó caminando, siguiendo el olor a ruda y a canela que él también empezó a sentir y que le trajo tantos recuerdos. Los muchachos empezaron a sentir esa falta de gravedad que casi los podía hacer volar y que anteriormente habían atribuido a las supuestas drogas domésticas que Josefa les daba en sus postres. Su presencia era inminente, la podían sentir y eso los colmó de entusiasmo.

- ¿Qué tienes Moravia? ¿Por qué lloras?
- Me siento humillada, amiga mía. Pensé que eso sólo lo podían sentir los débiles, los perdedores, los que viven sin dejar huella, los pobres de espíritu. Pero no, ahora sé que yo también puedo sentir las bajezas humanas, los degradantes sentimientos del mortal que nace indiferente, vive sin darse cuenta que está vivo y muere con horror, putrefacto entre sus partes consumidas por los insectos y por el tiempo, el cruel tiempo que no perdona, ni se conmueve, ni espera, ni vacila en transcurrir.
- ¿De qué estás hablando?
- Han roto mi hechizo. Lo sé, lo puedo sentir.
- Pues en ese caso, no sabes lo feliz que me siento. Arroja ese veneno que te está matando lo poco que te queda de alma, mujer. Nuestras almas ya no valen nada desde que nos trajeron a este lugar. Al menos podemos tratar de sobrellevar este calvario ablandando lo que queda de nosotras.
- Pero yo soy mala; siempre lo he sido.
- ¿Y así quieres quedarte?
- Ya no lo sé. Tú me confundes; no eres tan mala para estar aquí. Tú me haces ver las cosas de una manera distinta; me haces pensar. A veces siento pena por esa gente, a quienes les he convertido la vida en un infierno.
- Y mira quién es la que acabó ahí.
- ¿Por qué estás aquí, amiga?

- Es una larga historia, de la cual si algo puedo rescatar es mi profundo odio hacia la muerte.
- ¿Qué piensas tú de la muerte?
- Siempre pensé que la muerte era como un gallinazo, que se lleva la carroña, los restos de lo inservible, los desperdicios que ya nadie quiere. Pero no es así, amiga mía. Aprendí que la muerte es más como un águila voraz, la que sabe destrozar los nidos de otros pájaros y se lleva sus huevos, sus crías o a ellos mismos sin la menor muestra de misericordia. Detesto a la muerte, ojalá ella también muera algún día. No la entiendo, es muy cruel, muy despiadada. La he visto luchar mano a mano con mucha gente; algunos le ganan algunas batallas, pero la guerra siempre la gana ella. Por eso de nada sirve ser mala. Mucho mejor es vivir haciendo el bien.
- Gracias amiga.
- ¿De qué me agradeces, Moravia?
- Por abrir la celda de mi corazón. Esa gente merece vivir el resto de sus vidas con la felicidad que yo nunca conocí.
- Tú tampoco eres tan mala para estar aquí. El diapasón que marca los vaivenes de la vida se ha debido de quedar atascado en algún lugar muy oscuro en tu caso, pero puedo sentir por las vibraciones de tus pensamientos que eres otra persona. Te diría cuánto te quiero si me pudieses escuchar.
- Yo también, amiga mía, pero ni siquiera sé si existes.

Romualdo y los muchachos siguieron caminando hacia el vientre del monte Sirena, donde Miguel creyó haber visto a Josefa. La fragancia del ambiente estimulaba sus emociones más íntimas y verdaderas. Miguel sintió miedo y de pronto pensó en Moisés y en su ascenso al monte Sinaí. Alex expulsaba adrenalina por sus poros y de pronto pensó en el Apocalipsis, el único fragmento de la Biblia que había leído. Romualdo se sentía muy susceptible y de pronto recordó a Josefa y los momentos maravillosos que un día vivió junto a ella.

Censurada la inseguridad y reiterada la determinación y el aplomo, aún con los espasmos estomacales que el nerviosismo les provocaba, con paso lento pero firme fueron acercándose a las faldas del monte. Estaban boquiabiertos y colmados de un espiritismo tan profundo que ahogaba hasta los temores más fuertes. De pronto pareció como si se hubiesen olvidado de quiénes eran y qué es lo que hacían ahí. El pasado no importaba de repente, sólo lo que ocurría ante ellos, como preparados para dar un paso decisivo en su vida, y quizá así era. Miguel levantó su rostro y cortó el viento con su agudo perfil, con la piel de la frente bien estirada, con ganas de ser diferente, con deseos de escalar esa montaña y al llegar a su cima gritar con todas sus fuerzas hasta que el mundo lo oyese. Así lo pensó y así lo tuvo decidido hacer hasta que se acordó que era muy débil para escalar esa montaña y que nunca se atrevería a gritar con todas sus fuerzas; se acordó que le avergonzaría tremendamente llamar la atención de esa manera y que las miradas de la gente lo convertirían en un polvo muy fino que seguro iría a dar a los ojos de alguna persona que pensaría que era un estorbo aún después de muerto. Cuando menos se lo imaginó, sintió la humedad de sus orines en las piernas y consumido por la humillación intentó cubrir con sus manos la aureola de sus pantalones.

Alex, en cambio, se encontraba conforme como era; se sentía frustrado de malgastar su juventud en el campo, lejos de la ciudad y sus demás amigos, pero no dejaba que aquél sentimiento le envenenase la vida. Además, Miguel se había convertido en un buen amigo y compañero para él.

Pandemónium universal el que trajo Josefa. Sí, ella vino, por la voluntad de sus benefactores, quienes disolvieron el ancestral hechizo de Moravia en un acto de deliberado y sincero culto al espíritu humano. Ese mismo espíritu que podía partir los mares y revivir a los muertos en los tiempos en el que el Señor nos vigilaba con más recelo, mucho antes de aceptar que su soplo de vida había desarrollado una autonomía soberbia que demandaba explicaciones de Él y que reclamaba por el estado indefinido de sus mentes. O quizá fue mucho después; nunca lo sabremos.

Ese poderoso espíritu humano había convergido en una sola señal que tuvo que viajar por tejidos cósmicos y universos paralelos, dimensiones desconocidas, tiempos relativos y estados mentales inexplorados para alcanzar a Josefa, quien deambulaba entre las tinieblas de su soledad. Esta señal llegó a su destierro como una potente y cristalina luminosidad que la cegó por un momento. Era una luz familiar para ella, la había visto ya un par de veces antes, cuando regresó a su mundo para vivir en los sueños de Romualdo y luego Alex y Miguel. La luz era más intensa esta vez, se sintió absorbida con su belleza y la transportó a la cima del monte Sirena, haciéndola pasar por las turbulencias de mundos idos, donde individuos que se aventuraron a saber más de ellos terminaron perdiendo lo poco que sabían, como le ocurrió a Roberto, el amigo de don Romualdo.

Las olas del mar azotaban las peñas con más furia que de costumbre y Romualdo y los muchachos se detenían cada vez que escuchaban estas detonaciones marinas. Era como si el mar quisiese decirles algo y estuviese volviéndose loco de la impotencia, contorcionándose de la ira y torturando a las piedras para llamar la atención de ellos con sus gemidos. En la cima del monte, con el radiante sol tras de sí y luciendo cual aparición divina y resplandeciente, una figura quieta y mansa se dejó ver. Estaba muy lejos, era difícil de distinguir quién era. De pronto se vio que elevó sus brazos y luego los recogió sobre si, entrecruzándolos sobre su pecho. Fue entonces cuando sintieron ese remezón alucinado, ese desequilibrio medular que hizo caer al viejo Romualdo de rodillas al suelo e hizo sentir a los muchachos las sensaciones que sintieron una vez en la casa de Josefa. Ellos ayudaron a Romualdo a ponerse de pie y a sacudir nuevamente sus rodillas polvorientas. Una vez repuesto, el viejo agradeció a los muchachos y decidió retomar la caminata para identificar la identidad de aquella imagen, pero ésta había desaparecido.

- ¿Qué pasó? Ustedes vieron lo mismo que yo, ¿no es así muchachos?
- Yo sí la vi, don Romualdo- contestó Miguel.
- Yo también. Era ella, lo sé.
- ¿Verdad que era ella, Alex?
- Sí, don Romualdo, tuvo que ser ella.
- Pero entonces... ¿dónde está? ¿O fue acaso una visión?
- No, los tres vimos lo mismo. Quizá esté bajando el monte por el otro lado, que no es tan empinado. Vamos a darle el encuentro.
- Mis piernas están muy cansadas.
- Déjeme ayudarlo, tome mi mano.
- Gracias Miguelito.

Corriendo cuesta abajo y gritando improperios llegó un pescador con sus cordeles al hombro y media docena de peces balanceándose de los anzuelos. Venía cruzando el cerro desde la playa contigua, cortando camino para que la comida no tardase en llegar a su mesa.

- ¡Un fantasma!- les gritó el hombre cuando pasó al lado de Romualdo y sin disminuir su velocidad.
- ¿De qué estás hablando?- alcanzó a decirle el viejo.
- Un fantasma, un ángel, yo no sé, hay algo allá arriba, ¡corran!- le contestó el pescador sin siquiera voltear a verlos.

Romualdo y los muchachos le quedaron viendo hasta que se perdió de vista entre los senos de la sirena. Tragaron saliva y siguieron caminando lentamente, como si estuviesen por invadir algún santuario.

- Tengo miedo- dijo Miguel en voz muy baja.
- Eres una niña Micky, de todo tienes miedo- le contestó Alex con esa actitud machista muy propia de él.
- Todos tenemos miedo alguna vez, alguna vez y muchas veces más- les decía Romualdo mientras avanzaban en dirección a las faldas del cerro mayor–miedo al fracaso, miedo a la soledad, miedo a la muerte, miedo a la oscuridad, miedo a tantas cosas. Que seamos hombres o mujeres es lo de menos, pues los sentimientos no tienen sexo. Acuérdense de siempre pensar con el corazón; les puede sonar extraño ahora, pero sé que algún día lo entenderán. Las palabras existen para ser dichas y los sentimientos para ser sentidos, no importa lo que piensen los demás. Si tienen miedo, siéntanlo con ganas y llenen sus frentes de sudor frío. Si sienten amor, siéntanlo con pasión y expriman sus corazones hasta llenarse de esa miel tan pura y dulce que hace tanto bien. El amor es lo más limpio y placentero que un ser humano puede sentir.

Si quieren llorar, lloren hasta que se les acaben las lágrimas, porque no hay cosa más pura que el llanto de un hombre. Detengámonos aquí.
- ¿Se siente bien?
- Cansado, pero nunca me he sentido mejor. El olor a Josefa se ha vuelto muy intenso, la puedo sentir muy cerca. ¡Josefa!- gritó el viejo con su ronca voz.

Fue entonces cuando se le pudo ver, caminando en dirección a ellos, apareciendo por detrás de una loma, descubriendo su cuerpo con cada paso que daba. Lo primero que vieron fue su blanca cabellera, esponjosa y agitada por el viento, luego su cara de ángel arrugado y sonriente. Romualdo no lo podía creer; el viejo estaba perplejo, rebosante de alegría y al borde de la histeria. Su mirada y la de Josefa quedaron fijas, la una de la otra, en un fenómeno de soldadura visual que terminaba con muchos años de espera y sufrimiento. Por un largo minuto permanecieron así, haciendo un resumen mental de sus vidas, cerniendo lo malo para sólo conservar sus mejores recuerdos, preparándose para darse el abrazo por el que habían vivido desde la última vez que se vieron. Los muchachos quedaron en silencio, observando al par de ancianos, locamente enamorados, transmitiéndose tantas cosas a través de sus miradas cristalinas y agradeciendo el poder estar juntos sin tener que soñar. Nunca más tendría que despertarse Romualdo maldiciendo al creador de sus sueños por no haber incluido a su amada Josefa en ellos. Esta vez se unirían en un mundo que conocían, donde sus carnes y sus corazones podían formar un solo ser.

- ¡Josefa!- exclamó Romualdo con la voz ahogada en lágrimas.
- Sí, soy yo, viejo de mi alma. ¡Cómo te he extrañado, cómo te he pensado, cómo quiero estrecharte entre mis brazos, amor de mis amores!

En un momento transparente, es ese instante de hielo fundido y de bulla perdida en los ecos del monte, don Romualdo Villegas y Josefa, la hija de un presidente, se acercaron lentamente sin quitarse la mirada de encima. Romualdo sintió mucha pena al ver tanta oscuridad en los ojos de Josefa; se dio cuenta de lo poco que había vivido, de sus años transcurridos en vano, a la espera de su rescate, renuente a la locura, llena de desesperación, frustrada por su destino injusto. Caminaron hasta quedar frente a frente, se miraron por un momento más, sonrieron y se abrazaron con mucho amor; tanto amor que secaron las reservas de amor del mundo y causaron muchas guerras en diversos puntos del planeta. Las estadísticas demostraron mucho más tarde que ninguna criatura fue engendrada en ese momento, todo porque la mística pareja hizo uso de demasiado amor en ese abrazo intenso y reconfortante, cargado de emociones maltrechas y energías perdidas en un tiempo sin fronteras.

Luego del contacto desinhibido y apasionado, Josefa llamó con su mirada de húmedo néctar a los muchachos, quienes se sentían suspendidos en el aire por las sensaciones que flotaban en el lugar. Josefa irradiaba toda esa magia y esa miel que espesaba el viento y cuajaba el agua de sus macetas rojas donde los geranios morían antes de nacer. Los muchachos se acercaron a ella muy emocionados y abrazaron a los viejos, formando un círculo de amor humano muy poderoso. Los cuatro gozaron inmensamente la reunión; olvidaron sus problemas y se entregaron a la felicidad.

- Vámonos a casa Josefa, debes de estar muy cansada.
- Nunca me he sentido mejor, Romualdo. Vamos a la casa, pero antes me gustaría ver a Roberto.
- ¿A Roberto? ¿Y para qué? El pobre no va a saber siquiera que estás parada frente a él.

- Eso quizá cambie pronto. Vamos a verlo, tengo algo que darle.
- Que intrigante suena eso. ¿Y qué es eso que le tienes que entregar?
- Su espíritu. Lo encontré en mi camino hacia aquí. Estaba perdido. Había encontrado las respuestas que buscaba, las verdades del universo y de la vida misma, pero tanto llegó a saber que olvidó cómo regresar a su cuerpo. Yo lo traigo conmigo, siento su espíritu centellear dentro de mi, deseoso de reunirse con el cuerpo que dejó aquí hace tantos años.
- Pero Josefa, ese Roberto ha cambiado, ha envejecido, ya no puede caminar por sí solo y su familia debe de asearlo y darle sus alimentos en la boca. Roberto no es el mismo de antes. A propósito, ¿cómo te reconoció? Te lo presenté en mis sueños, pero no creí que se acordase de ti en la vida real.
- Acuérdate que no vengo de la vida real. Es algo que no podría explicar. Sólo sé que me utilizó como vehículo para regresar, y espero que pueda ayudarlo.
- Vamos pues entonces. Acompáñennos muchachos.

Tras una larga y penosa caminata llena de achaques y tropezones, los cuatro llegaron hasta la casa de Roberto. Él se encontraba, como de costumbre, sentado sobre el tronco donde transcurría su inerte vida. Josefa se le acercó, le tocó las sienes y murmuró unas palabras en voz baja y con los ojos cerrados, como concentrando su energía en lo que estaba haciendo. Roberto empezó a sufrir rápidos y masivos trastornos físicos; sudaba a mares, temblaba y sus ojos dejaron de mirar al vacío. Cerró y volvió a abrir sus párpados un par de veces, frotó sus rodillas entumecidas por la inactividad, y con el mentón caído y la boca muy abierta, levantó su mano derecha e hizo la señal de la cruz. Luego de un eterno minuto de vacilación, miró a su alrededor y se echó a llorar lanzando hondos gemidos que asustaron a Miguel. Con mucho esfuerzo se puso de pie y estiró lentamente sus coyunturas callosas, reactivando la circulación de su sangre ociosa y aburrida por la monotonía de su recorrido. Miró al sol sin herirse la vista, su cara mal afeitada en alto, presionando sus puños fuertemente, muy dueños de su energía añorada, parpadeó lentamente y esbozó una media sonrisa.

- ¿Roberto?
- ¡Amigos! No sé cómo agradecerte que me hayas traído de regreso, Josefa. Eres un ángel.
- Y tú un viejo testarudo- le contestó Josefa dándole un cariñoso jalón de oreja–creo que ahora debes descansar y dejar de pensar tanto, pues si te vas otra vez, nadie te va a ir a recoger.
- Tengo tanto que contarles amigos. Encontré lo que fui a buscar. Conozco la verdad, la única verdad, y se las tengo que decir a ustedes, mis verdaderos amigos. Es tan simple, tan evidente, pero aún así, nadie se ha percatado de ella.
- Mañana, querido amigo. Mañana nos cuentas todo con un par de cervezas; hoy debes descansar. Ve y goza de tu familia; ellos te han echado mucho de menos.

Y se los hubiera contado todo al día siguiente, de no ser porque Roberto amaneció muerto sobre su cama y luciendo una sonrisa amplia. Tan bien se le vio, que dio pena enterrarlo. Lo velaron hasta que sus olores se volvieron insoportables y no dejaron respirar a su familia. Casi nadie fue a su entierro, pues para mucha gente Roberto era sólo un adorno del camino al que miraban con compasión. Josefa y Romualdo, tomados de la mano, fueron hasta el mismo cementerio a despedir el cadáver maloliente de su amigo de antaño. ¡Adiós, viejo amigo!, dijo Romualdo mientras tapiaban el nicho y escribían el nombre del difunto con el dedo índice sobre el cemento fresco. Los muchachos quisieron ir, pero el permiso les fue negado antes de que terminasen de pedirlo.

- ¡Tú te has vuelto loco! Claro que no vas a ir. Además, ese viejo era un atrevido; el muy cretino me guiñaba el ojo cuando pasaba a su lado en el carro. Yo sólo aceleraba y lo hacía comer la tierra del camino, por mañoso- dijo Marita.
- Pero mamá, ese viejo estaba enfermo; no podía hablar, ni caminar. Es imposible que te haya guiñado un ojo.
- Miguel, no me contradigas. Y que ni se te ocurra pedirle permiso a tu papá, porque está molestísimo contigo. Ahora vete a hacer tus tareas y no molestes.
- Estoy en vacaciones, mami.
- Entonces haz las del próximo año, vamos, ¡desaparece!

Miguel le dio la espalda a su madre enfurecida y fue directo a hablar con su padre. Don Miguel, a pesar de estar enfadado con él, accedió a darle una breve audiencia. Cerró un descomunal libro de planillas en el que estaba trabajando y se dispuso a escuchar a su hijo. No fue una visita casual, y don Miguel tuvo que oír la historia de Josefa una vez más, con la mirada fija en el libro frente a sí, aguantando la tentación de volverlo a abrir. Cuando Miguel terminó con lo suyo, su padre le dio una lastimosa mirada que no decía nada y le dijo que él ya estaba bastante grande para saber qué hacer, y que si tanto insistía, entonces "uno de estos días" irían a conocer a la señora ésa.

- ¿Puede ser mañana?
- Pregúntale a tu mamá- le contestó don Miguel, retirándole la mirada y abriendo su libro de planillas para seguir trabajando en él.
- Tú saber que ella va a decir que no.

Alex no tuvo mejor suerte con sus padres, aunque aparentemente le prestaron más atención que a Miguel. Le prometieron pensarlo y hasta discutirlo con los Salinas "uno de estos días".

Y llegó aquel día. Fue una tarde en que las dos familias se reunieron en casa de los Salinas para conocer a Josefa. Zoila llevó a los muchachos en su camioneta hasta la casa de Romualdo para recoger al par de ancianos. Cuando llegaron de regreso, los muchachos abrieron las puertas del vehículo y ayudaron a los ancianos a bajar de él. Marita se sintió muy incómoda y no supo cómo reaccionar. Josefa se acercó a ella, encogiendo sus labios arrugados y dispuesta a darle un beso en la mejilla, pero Marita se prendió del cuello de su esposo como si hubiese visto a un ratón. Josefa optó por tenderle la mano y Marita no tuvo otra alternativa que tenderle la suya y saludarla. Don Miguel desprendió a su esposa de su cuello, le dio una mirada de desaprobación por su actitud ridícula y dio un paso al frente para saludar a los invitados. Zoila los invitó a sentarse y les sirvió un vaso de vino tinto. Fue una tarde larga y algo tensa, seguida de cólicos e indigestiones atravesadas. A los muchachos les fue permitido visitar a la pareja, la que habría de vivir en casa de Romualdo por el resto de sus vidas.

Romualdo invitó a todos sus amigos a su casa para celebrar la ocasión. La pareja de los sueños increíbles bailó el más largo de los valses, abrazados y llorando de la emoción, suzurrándose cosas al oído como un par de tórtolos enamorados en los afanes del cortejo nupcial.

Te tuve en mis sueños hace mucho tiempo. Como un hechizo de luz llegaste a mi ventana e iluminaste mi vida con tu radiante sonrisa. Me endulzaste el espíritu con tu néctar de flor silvestre y me dejaste con tu sabor en los labios cuando no te volví a soñar. Josefa, mi bien amada, estaba muy asustado. Llegué a pensar que sólo había soñado que te soñaba. Creí no volverte a ver y ahora me cuesta creer que te tenga entre mis brazos. Seguía pensando Romualdo mientras llevaba el ritmo del vals, con su mirada soldada en los ojos de Josefa, diciéndole tanto sin una sola palabra.

Romualdo, mi bien amado, estaba tan sola y triste en ese lugar tan oscuro y desolado. Quise morir el día que no pude ver más tu luz pero no pude, quise golpearme pero no encontré mis puños, grité con todas mis fuerzas pero no pude escuchar mi voz. Amor mío, te extrañé tanto que me cuesta creer que te tenga entre mis brazos. Y los dos siguieron pensando hasta más tarde, mientras retozaban en la cama, recordando cómo se hacía el amor e inventando cuanto habían olvidado.

Ricardo Reyes

www.ingramcontent.com/pod-product-compliance
Lightning Source LLC
Chambersburg PA
CBHW030339290526
45785CB00004B/1531